ERIC, ARWR

Eric, Arwr yr Eira
a storïau eraill

*Casgliad o straeon cyffrous
yn seiliedig ar hanesion gwir,
ar gyfer plant 9-11 oed*

Emrys Roberts

Gwasg Carreg Gwalch

Argraffiad cyntaf: Medi 1993

ⓑ *Emrys Roberts*

Ni chaniateir defnyddio unrhyw ran/rannau
o'r llyfr hwn mewn unrhyw fodd
(ar wahân at ddiben adolygu)
heb ganiatâd yr hawlfraint yn gyntaf.

Rhif Llyfr Safonol Rhyngwladol:
0-86381-258-9

Dymuna'r Cyhoeddwyr gydnabod
cymorth Adran Olygyddol ac Adran Ddylunio
y Cyngor Llyfrau Cymraeg.

Lluniau a chlawr:
Terry Higgins

Argraffwyd a chyhoeddwyd gan Wasg Carreg Gwalch,
Capel Garmon, Llanrwst, Gwynedd.
☎ *Betws-y-coed (0690) 710261*

I Nia a Dewi, Treffynnon

Cynnwys

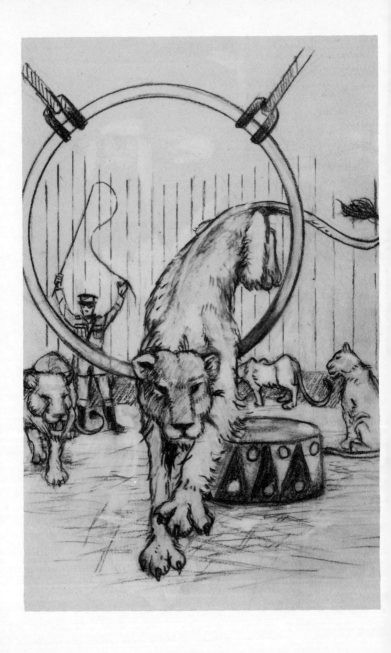

Llewod!

"Beth am i ni fynd i'r syrcas heddiw?" awgrymodd Michael.

Dydd Iau, Mawrth y seithfed, 1991 oedd hi ac roedd ganddo ddiwrnod o wyliau.

"Syniad gwych," atebodd ei wraig, Marilyn. "Fe olcha i'r llestri cinio yn syth rŵan er mwyn i ni gael mynd. Rwy'n siŵr y byddai Laura'n ei mwynhau ei hun yn y syrcas."

Dim ond dwyflwydd oed oedd eu merch, Laura. Wrth wisgo amdani yn barod i gychwyn dywedodd Michael wrthi am yr hwyl roedden nhw'n sicr o'i gael y pnawn hwnnw.

"Dwyt ti erioed wedi gweld clown, yn naddo?"

"Be ydi clown, Dad?"

"O, fe gei di weld yn y munud."

Brysiodd y tri o'u cartref yn Carson Avenue yn nhref Grimsby yn Lloegr. Wedi iddyn nhw aros am ychydig ar waelod y stryd, daeth y bws i'w cario i'r syrcas oedd yn perfformio yn y dref am wythnos. Roedd Laura wrth ei bodd yn dringo grisiau'r bws fel gwiwer er mwyn cael mynd i'r sedd flaen ar y llawr uchaf a gweld ymhell drwy'r ffenestri llydan.

"Dyma ni," meddai Marilyn ar ôl cyrraedd, gan afael yn llaw Laura rhag iddi syrthio wrth adael y bws. Roedd yr un fechan mor wyllt â chath fach am ei bod yn edrych ymlaen cymaint at brynhawn difyr.

"Y babell fawr acw ydi'r syrcas?"

"Ie," atebodd ei mam ar ôl prynu tocynnau. "Mae hi dipyn mwy na'n pabell fach ni yn yr ardd gefn yn yr haf, yn tydi?"

Doedd Laura erioed wedi gweld cymaint o blant yn ei bywyd. Roedden nhw'n rhy gyffrous i eistedd yn llonydd i aros i'r syrcas ddechrau, a gwnaeth yr holl sŵn gweiddi hapus a bwyta creision i Laura roi ei dwylo dros ei chlustiau. Ond dyna'r band yn taro, a rhes o geffylau hardd yn trotian o gwmpas y cylch. Yna daeth y clown. Clapiai Laura ei gorau wrth ei weld yn baglu dros ei gi bach digri ac yn colli bwcedaid o ddŵr am ei ben!

"Efallai na fydd hi'n hoffi'r peth nesaf," meddai Michael.

"Y llewod ynte?" atebodd Marilyn.

"Ie, ond maen nhw'n berffaith ddiogel y tu ôl i farrau eu cawell haearn yng nghanol y cylch."

Swatiodd Laura'n agos at ei mam pan welodd y pedair llewes am y tro cyntaf. Neidiodd yn sydyn pan glywodd glec y chwip yn llaw'r dyn oedd yn y cawell gyda'r llewod. Ond wrth i'r rheini neidio'n hapus o'r naill stôl i'r llall a chodi ar eu traed ôl, dechreuodd Laura wenu'n braf.

"O, dyna glyfar," meddai. "Dacw nhw'n neidio ar ôl ei gilydd drwy'r cylchoedd rŵan. Be ydi eu henwau nhw?"

Edrychodd ei mam ar y rhaglen.

"Tanya a Carmen, Sheba a Mila," meddai Marilyn wrthi. "Edrych, mae'r dyn yn rhoi ei ben yng ngheg un ohonyn nhw!"

Curodd pawb eu dwylo wrth weld y gŵr dewr yn gwenu'n llon rhwng dannedd Sheba. Yna cododd y pedair llewes hardd eu pawennau ar y plant wrth ffarwelio ar ddiwedd yr hwyl.

"Dyna biti eu bod nhw'n mynd," ebe'r eneth fach wrth eu gwylio'n loncian o amgylch y cylch i sŵn y band am y tro olaf wedi'r campau ardderchog.

"Fe gei di weld acrobat nesaf."

"Be ydi acrobat, Mam?"

"Dacw hi'n cerdded at waelod y rhaff acw. Mi gei di ei gweld ar y siglen uchel yn y munud."

Aeth pob man yn dawel. Daliai pawb eu gwynt wrth wylio'r eneth yn troi a throsi'n uchel yn nho pabell y syrcas. Ond y foment nesaf dyma nhw'n clywed sgrech o'r tu allan i'r babell. Cododd y plant a'u rhieni yn wyllt o'u seddau.

"Mae'r llewod wedi dianc!" gwaeddodd rhywun.

Cododd Michael ei ferch fach yn ei freichiau. Gafaelodd Marilyn yn dynn yn ei gôt yntau wrth iddyn nhw gychwyn ar ras allan o'r babell fawr. Roedd pawb yn rhedeg ac yn baglu ar draws ei gilydd wrth ffoi. Ceisiodd Charles Chipperfield, perchennog y syrcas, siarad drwy'r meic er mwyn cael ychydig o drefn.

"Ewch allan yn bwyllog," meddai, "neu bydd rhai o'r plant yn cael eu gwasgu a'u brifo wrth i chi ruthro."

Ond roedd cymaint o ofn yng nghalon pawb fel nad oedd neb yn gwrando arno.

"Cydia di ynof fi, ac fe ofala i am Laura!" gwaeddodd Michael ar ei wraig ifanc.

O'r diwedd roedd y tri y tu allan i'r babell, yng nghanol cannoedd o bobl ofnus eraill.

"Tyrd, mi awn am y bws cyn gynted ag y gallwn," ebe tad Laura wrth ei mam.

Sylwodd fod Marilyn wedi colli un esgid yn ei brys. Ond doedd dim amser i fynd yn ôl i chwilio amdani gan fod pedair llewes yn rhydd yn rhywle. Dechreuodd Laura druan grio. Doedd hi ddim yn deall beth oedd wedi digwydd. Gwasgodd ei thad hi'n dynnach ato gan redeg yn gynt. Trawodd rhyw ddynes yn erbyn Marilyn, ond doedd dim amser gan neb i ymddiheuro. Rhuthrai pawb am gar neu fws neu dŷ, fel llwynogod yn sgrialu rhag cŵn hela.

Dim ond gweithwyr y syrcas oedd ar ôl yno, ac roedden nhw'n syllu'n syn ar y twll yn y rhwyd neilon gref. Hwn oedd y twnnel yr oedd Sheba a Mila, Carmen a Tanya yn arfer mynd trwyddo ar eu ffordd i'r cylch yn y babell o'u cawell ar y trelar — yna'n ôl yr un ffordd ar ddiwedd eu campau.

"Doedd dim twll yn y fan yma pan aethost ti â'r llewod o'u trelar cyn y perfformiad," meddai Charles Chipperfield wrth ei frawd. "Mi archwiliais i bob rhan o'r twnnel neilon yn fanwl."

"Rwy'n gwybod," ebe John Chipperfield.

Fo a ofalai am y pedair llewes, a'u hyfforddi. Fo hefyd, wrth gwrs, oedd hefo nhw yn y cylch, y tu ôl i'r barrau. Roedd y llewod yn meddwl y byd ohono, ac yntau'n ffrind ffyddlon iddynt hwythau.

"Mae rhywun brwnt wedi chwarae hen dric cas arnon ni," meddai'n gyffrous. "Maen nhw wedi gwneud hyn yn fwriadol gan roi bywydau pobl mewn perygl."

Erbyn hyn roedd plismyn yn eu ceir yn chwilio am y llewod yn y strydoedd o gwmpas cae'r syrcas, wedi cael gwybod gan y clown eu bod wedi dianc. Yr eiliad y clywodd y sgrech o'r tu allan i'r babell, roedd y clown wedi rhuthro i orsaf yr heddlu. Wrth lwc, doedd honno ddim ymhell — ond doedd o ddim wedi cael amser i newid ei ddillad. Chwerthin am ei ben wrth weld ei drwyn coch, ei gap digri a'i esgidiau hir cul fel dau ganŵ wnaeth y plismyn ar y dechrau. Ond wedi deall nad tynnu eu coes yr oedd y clown, fe roddodd Bob Bishop, pennaeth gorsaf yr heddlu, orchymyn i bob car heddlu yn y cylch fynd i chwilio am yr anifeiliaid.

"Rydw i wedi bod yn y syrcas ers dros ugain mlynedd," ebe'r clown wrth eistedd yn drist yn yr orsaf, "a does dim byd fel hyn erioed wedi digwydd i ni o'r blaen."

Roedd yn beth rhyfedd gwylio'r clown, a oedd yn arfer gwneud i bobl chwerthin, yn siarad mor ddigalon wrth feddwl a phoeni tybed a oedd y llewesau wedi lladd rhywun. Brysiai ceir yr heddlu ar hyd y strydoedd a'u golau glas yn fflachio a'r seiren yn nadu. Peidiai'r seiren bob hyn a hyn er mwyn i'r plismyn rybuddio pawb drwy'r corn siarad i aros yn eu tai am fod llewesau'r syrcas yn rhydd.

"Dacw'r bws yn dod!" gwaeddodd Michael.

"O, na. Dydi o ddim am stopio. Mae'n rhy lawn!" llefodd Marilyn.

Yr eiliad honno, stopiodd car yn eu hymyl.

"Mae gen i le i un!" gwaeddodd y gyrrwr yn gyffro i gyd.

Gwthiodd Michael ei wraig a'i eneth fach i'r sedd gefn. Roedd y car, fel y bws, yn orlawn o bobl yn ffoi rhag yr anifeiliaid peryglus.

"Mae'n ddrwg gen i . . . "

Ond doedd dim amser gan Michael i wrando ar y gyrrwr caredig yn ymddiheuro am na allai ei gludo yntau. Roedd ei wraig a'i blentyn yn ddiogel yn y modur, dyna oedd yn bwysig. Rhedodd at siop oedd yn ymyl gan feddwl rhuthro i mewn. Rhuodd y car i ffwrdd o'i olwg.

"Fe fydda i'n saff yn y fan yma," meddai wrtho'i hun.

Ond pan oedd ar fin agor drws y siop, cafodd ei daro yn ei ben o'r tu ôl. Clywodd bobl yn sgrechian yn y siop ac ar ochr arall y stryd wrth iddo ddisgyn ar y palmant. Trodd ei ben yn wyllt. Gwelodd y llewes yn codi ei phawen i'w daro unwaith eto. Sheba oedd yno, ar ei phen ei hun, ac roedd wedi dychryn cymaint â'r dyn ar y llawr. Gwnaeth yr holl weiddi a sŵn traffig a seirennau y llewes yn wallgof wyllt. Credai mai gelyn oedd y gŵr a drawodd, ac roedd yn benderfynol o'i ladd!

Yn ffodus, roedd côt drwchus gynnes gan Michael, a choler o wlân trwchus arni. Er iddo weiddi mewn poen wrth i ewinedd miniog Sheba dorri croen ei law dde, ni allai hi rwygo defnydd y gôt er iddo blannu ei dannedd yn filain ynddi. Ond gwyddai Michael na fyddai'n hir cyn dryllio'i gôt a chael gafael arno'n iawn i geisio'i ladd. Trodd yn ôl ac ymlaen ar y llawr gan geisio osgoi ewinedd a dannedd yr anifail mawr. Cododd ei freichiau dros ei ben i geisio'i arbed ei hun ond cafodd ddyrnod arall ar draws ei glust. Ceisiodd godi, ond lluchiodd Sheba ei hun arno gan ei fwrw fel cadach ar lawr eto. Tynnodd y dyn ifanc ei freichiau a'i goesau yn dynn ato nes bod ei gorff fel pêl, er mwyn ei gwneud hi'n fwy anodd i'r llewes gael gafael ynddynt. Teimlodd anadl boeth Sheba ar ei war wrth iddi aros am eiliad i gymryd ei gwynt cyn ymosod unwaith yn rhagor. Credai'r gŵr na welai ei wraig a'i blentyn bach byth eto. Ond yr eiliad nesaf, clywodd y seiren.

Ron Harrison oedd enw'r plismon wrth lyw car yr heddlu. Wedi troi cornel gwelodd beth oedd yn digwydd yn y stryd o'i flaen. Roedd Sheba a Michael wedi rowlio i ganol y ffordd erbyn hyn ac yn sownd yn ei gilydd. Pwysodd Ron ei droed dde yn galed ar y sbardun a llamodd ei gar ymlaen fel carw ifanc. Ceisiodd y plismon daro Sheba â thrwyn ei gar, ond bu raid iddo wasgu'r brêc ar y funud olaf gan mai Michael oedd agosaf at flaen y car ar y pryd. Trawodd Ron lifar y gêr yn filain. Yna baciodd y car yn wyllt. Roedd sŵn sgrechian y teiars wrth iddo wasgu'r brêc am yr ail waith i'w glywed o bell.

Anelodd drwyn y car tuag at Sheba eto, ac wedi fflachio ar hyd y stryd fel mellten isel, trawodd y car Sheba yn ei hochr. Rowliodd honno oddi wrth Michael a char yr heddlu, yna cododd, ac ar ôl rhuo'n fileinig, diflannodd fel cysgod heibio i gornel y siop. Brysiodd Ron at y gŵr ifanc.

"Na, dydw i ddim wedi brifo llawer. Wedi dychryn yr ydw i'n fwy na dim," ebe Michael gan ddiolch i'r plismon am ei achub.

"Lwc i mi ddod mewn pryd," meddai hwnnw gan helpu Michael i godi. "Mae'r llewes wedi rhwygo dy gôt yn gareiau ond waeth befo am hynny. Y peth pwysig ydi dy fod ti'n fyw. Mi rydw i wedi galw am ambiwlans."

"Dydw i ddim eisiau mynd trwy beth fel yna eto!" meddai tad Laura wrth i'r ambiwlans ei gludo i'r ysbyty agosaf.

Roedd Ron Harrison yn ôl yn ei fodur erbyn hyn ac yn gyrru o gwmpas y strydoedd. Cadwai ei lygaid yn agored am y llewod. Roedd wedi cael gorchymyn pendant, fel pob plismon arall, ynglŷn â beth i'w wneud petai'n gweld un. Roedden nhw i ffonio'r bobl a arferai ddal anifeiliaid gwyllt â rhwydi cryfion a'u rhoi i gysgu â bwledi arbennig. Roedd y dynion hyn, a degau o blismyn mewn ceir, wrthi'n ddiwyd yn chwilio'r strydoedd am y llewesau.

Wedi cyrraedd yr ysbyty, gofynnodd Michael i nyrs a fyddai hi mor garedig â ffonio Marilyn. Roedd o'n awyddus i adael iddi wybod ei fod yn iawn, a heb ei anafu'n rhy ddrwg, ac roedd am wybod a oedd y ddwy a garai gymaint yn saff gartref. Llamodd calon Marilyn o lawenydd wedi derbyn y newyddion da. Roedd ar dân eisiau dod i'w weld, ond dywedodd y nyrs wrthi am aros yn ei thŷ nes bod y llewesau wedi eu cornelu ac yn ôl yn ddiogel yn y syrcas.

"Maen nhw wedi dal dwy, rwy'n deall," meddai'r nyrs wrth Marilyn. "Ac rwy'n siŵr na fydd hi'n hir eto cyn y bydd y ddwy lewes arall yn ddiogel y tu ôl i'r barrau."

Methai Laura fach â deall pam roedd ei mam yn crio.

"A chithau newydd ddweud fod Dad yn saff,' meddai wrthi'n syn.

"Hapus ydw i, 'nghariad i, am fod Dad yn fyw," atebodd Marilyn drwy'i dagrau.

Aeth Laura i chwarae hefo'i doliau gan feddwl bod pobl yn rhyfedd os oedden nhw'n llefain crio pan oedden nhw'n llawen!

Ffoniodd Marilyn y dyn caredig a aeth â hi a'i merch adref mor sydyn yn ei gar er mwyn rhoi'r newyddion da iddo, ac yna eisteddodd i ddisgwyl galwad o'r ysbyty.

O'r diwedd, ar ôl dwy awr o grwydro'r strydoedd, llwyddwyd i ddal yr olaf o'r llewesau a hynny heb lawer o drafferth yn y pen draw. Wrth lwc, chafodd neb arall niwed, er bod cannoedd o bobl yn nhref Grimsby wedi cael braw ofnadwy. Wedi i'r heddlu ddweud hyn wrth Marilyn ar y ffôn, rhedodd hi a'r eneth fechan i lawr y stryd i ddal y bws am yr ysbyty.

"Paid â gwasgu pen dy dad — mae o'n dal yn boenus," meddai mam Laura wrthi ar ôl cyrraedd.

Wedi plannu cusan ar foch Michael, roedd yr hogan am lapio'i dwy law am ei wddw!

"Dim ond ychydig o bwythau rydw i wedi'u cael," eglurodd ei gŵr wrth Marilyn. "Dywedodd y meddygon y ca i ddod adre yfory. O, dyma Ron yn dod ar hyd y ward."

Roedd golwg flinedig ar y plismon erbyn hyn, ond roedd yn benderfynol o alw i edrych am Michael cyn noswylio. Bu pawb yn sgwrsio'n hapus wrth erchwyn y gwely.

"Dyma ragor o ymwelwyr," chwarddodd Ron. "Rydw i am fynd rŵan rhag i chi flino gormod wrth siarad."

"Dynion y syrcas!" gwaeddodd Laura pan welodd y ddau frawd, John a Charles Chipperfield, yn cerdded tuag at wely ei thad.

"Ryden ni'n ymddiheuro o waelod calon am yr hyn a ddigwyddodd," meddai John.

"Nid arnoch chi roedd y bai," atebodd Michael wedi i Charles egluro wrtho am y bobl ddwl a dorrodd dwll yn y twnnel neilon.

"A ydych chi am i ni saethu Sheba am iddi ymosod arnoch?" gofynnodd John yn dawel. "Mae gennych bob hawl i ofyn i ni wneud hynny."

"Bobl bach, na. Wedi dychryn roedd y llewes druan. Mi rydw i'n edrych ymlaen at gael dod i weld y pedair yn y syrcas eto ar ôl i mi wella'n iawn," atebodd Michael.

"Ryden ni'n mynd â'r syrcas i dref arall fory am ychydig o ddyddiau. Ond rwy'n addo y byddwn yn ôl yma'n fuan. Ac fe fyddwch chi'ch tri yn cael dod i weld y sioe am ddim," meddai Charles.

"Hwrê! Cael gweld y ceffylau a'r acrobat a'r llewod eto!" gwaeddodd Laura, gan sboncio fel llyffant bach hapus o gwmpas y gwely.

"A gweld hwn," gwenodd Charles Chipperfield. "Dyma anrheg fechan i ti."

Llun o glown oedd o. Dangosodd yr eneth y darlun i'r cleifion eraill yn y ward, a gwenai'r rheini arni'n garedig.

"Tyrd, mae'n amser mynd adre rŵan," meddai ei mam wrthi.

"Gobeithio y byddwch yn well yn fuan," ebe John

Chipperfield wrth Michael cyn iddo fo a'i frawd droi'n ôl am y syrcas.

Ar ôl rhoi cusan i Michael, aeth Marilyn a'i merch fach am y bws, wedi'r diwrnod mwyaf cyffrous a fu yn eu hanes erioed.

"Ydi geneth yn gallu bod yn glown?" gofynnodd Laura i'w mam ar y bws. "Fe hoffwn i fod yn un ar ôl tyfu."

Chwerthin wnaeth Marilyn a gwasgu llaw ei merch yn dynnach. Syllai honno o hyd ac o hyd ar y darlun o'r dyn rhyfedd hwnnw na allai'r plismyn ei goelio ar y dechrau pan ddaeth i swyddfa'r heddlu yn ei gap digri, â'i drwyn coch yn sgleinio a'i esgidiau'n debyg i ddau ganŵ!

Catherine

"Mae Catherine yn edrych yn ddel yn ei gwisg briodas."

"Ydi, ac mae Robert yn hogyn annwyl iawn. Rwy'n siŵr y bydd y ddau'n hapus dros ben."

Roedd yn ddiwrnod llawen yn Llangybi yn y flwyddyn 1907, a phobl y pentref yn dymuno'n dda i'r cwpwl ifanc. Capten ar y llong hwyliau *Cricieth Castle* oedd Robert Thomas ac edrychai ymlaen at gael cwmni Catherine ar ei fordaith nesaf.

"Fe fyddwn ar y môr am fwy na phedair wythnos, er mai mis mêl fydd o," meddai Robert. "Awn â llwyth o lo i Dde Affrica yn gyntaf, ac wedyn hwylio i Dde America."

Roedd Catherine wrth ei bodd ar ddec y llong, a'r hwyliau mawr gwyn uwch ei phen yn llenwi hefo gwynt. Canai yn braf wrth grwydro o gwmpas a dod i adnabod y criw. Roedd popeth mor wahanol i fywyd ym mhentref tawel Llangybi.

"Gobeithio nad oes gwahaniaeth gennyt mai ti yw'r unig ferch ar y llong," gwenodd Robert un noswaith pan oedden nhw'n cael swper.

"Na, dim o gwbl," atebodd Catherine, "mae pawb yn garedig iawn wrtha i."

"Fe gei di fod yn nyrs os bydd rhywun yn sâl neu wedi brifo."

"Mi wna i unrhyw beth i helpu'r capten," chwarddodd hithau.

Fe fuon nhw'n hwylio'n gyflym am wythnos. Yna un noson, dyma Catherine yn deffro wrth deimlo'r llong yn cael ei hysgwyd o ochr i ochr. Cododd yn gyflym, ac wedi gwisgo'n frysiog ceisiodd fynd o'i chaban at Robert. Roedd o'n gafael yn dynn yn yr olwyn lywio fawr, ac yn brwydro yn erbyn y tonnau a'r storm. Methodd Catherine ei gyrraedd. Cafodd ei hyrddio'n ôl a syrthiodd ar ei hyd. Penderfynodd ddychwelyd i'r caban. Wrth lwc fe dawelodd y storm yn fuan, a brysiodd y capten ifanc i lawr at ei wraig.

"Ddaru ti ddychryn?" gofynnodd Robert. "Mae'n ddrwg gen i na allwn i gadw cwmpeini i ti."

"Dipyn bach," atebodd Catherine. "Ond bydd yn rhaid i mi ddod i arfer hefo stormydd fel hyn, yn bydd?"

Gwyddai'r capten ei fod wedi priodi geneth ddewr, un na fyddai'n torri ei chalon pan oedd helynt ar y môr. Ei dewis hithau oedd bod yn wraig i gapten golygus, ac roedd yn benderfynol o beidio â chrio pan âi pethau o chwith. Ymhen ychydig wythnosau wedyn, wrth groesi Cefnfor Iwerydd, cydiodd tân mewn rhan o'r llwyth glo. Bu'r criw yn brysur yn taflu dŵr ar y fflamau, a Catherine yn eu helpu ei gorau glas.

"Achub y llong ydi'r peth pwysica," meddai Robert, "hyd yn oed os bydd hynny'n golygu taflu'r llwyth gwerthfawr i'r môr."

Gan mai llong bren oedd hi, byddai'n hawdd iddi hi a'r glo losgi'n golsyn, ac i bawb foddi neu gael eu lladd yn y fflamau. Er nad oedd tân fel hyn wedi digwydd iddo erioed o'r blaen, fe frwydrodd y capten a'i griw yn benderfynol i'w ddiffodd. Bu'n rhaid hyrddio llawer o'r glo dros yr ochr i'r tonnau, ond fe lwyddon nhw i achub y rhan fwyaf o'r llwyth du. Pan oedd popeth drosodd, diolchodd Robert i'r morwyr a rhoddodd ei fraich am ysgwydd ei wraig ifanc.

"Wel, Catherine," meddai, "gobeithio y bydd pethau'n well o hyn ymlaen. Rwyt yn cael amser annifyr ar dy fordaith gyntaf hefo mi, ac ar dy fis mêl!"

Yn ffodus, ni fu rhagor o helynt yn ystod gweddill y daith, a gwelodd Catherine leoedd nad oedd wedi bod ynddyn nhw erioed o'r blaen, yn Ne Affrica a De America. Cafodd groeso ym mhob porthladd a gwnaeth lawer o ffrindiau newydd. Er hynny, roedd yn falch o gyrraedd yn ôl i Gymru yn y *Cricieth Castle*.

Er mor hoff oedd ef o'r môr, gwyddai Robert mai ei ddyletswydd oedd aros gartref hefo Catherine yn Llangybi am ychydig fisoedd wedyn. Roedd rheswm da am hyn. Dechreuodd y capten ddawnsio'n llon gyda'i wraig pan glywodd y newydd da ei bod yn disgwyl babi bach.

"Ardderchog," gwenodd y gŵr ifanc. "Fe fydd yna Gymro arall yn gapten llong cyn bo hir!"

"Ond hwyrach mai merch fach ddel gawn ni."

"Tydi o ddim gwahaniaeth. Fe fyddwn ni'n tri yn deulu hapus."

Hogyn gawson nhw, a'r rhieni yn penderfynu ar yr enw Bob iddo. Gan mai morwr oedd ei dad, gwyddai Catherine y byddai'n rhaid hwylio ar y *Cricieth Castle* eto'n fuan. Daeth llythyr i'r capten yn cynnig mordaith o dair blynedd. Roedd mam Bob yn benderfynol eu bod yn cadw gyda'i gilydd.

"Mae Bob yn edrych yn smart yn ei gap a'i jyrsi llongwr newydd," ebe Robert pan oedden nhw ar fin hwylio i ffwrdd. "Wyt ti'n siŵr y bydd o'n iawn ar y llong? Mae o'n ifanc, cofia."

Chwarddodd y gŵr a'r wraig ifanc. Roedden nhw'n

edrych ymlaen at dair blynedd o hwylio gan gludo llwythi o borthladd i borthladd, a chael gweld tipyn ar y byd. Roedd Bob bach wrth ei fodd yn edrych ar y morwyr yn dringo'r rhaffau ac yn codi a gostwng yr hwyliau. Fe gawson nhw dywydd braf a gwynt i'w helpu yn ystod wythnosau cynta'r fordaith. Gwnaeth un o'r criw deganau bach pren i Bob, ac roedd y morwyr i gyd yn ei ddifetha'n lân trwy roi bisgedi a ffrwythau iddo, a bydden nhw'n chwarae hefo fo pan nad oedden nhw'n brysur. Un o hoff bethau'r bachgen oedd dawnsio ar y dec i fiwsig ffidil un o'r criw. Hoffai hefyd wrando ar ganeuon y môr cyn iddo fynd i gysgu.

Wedi i Bob gau ei lygaid un noson, dechreuodd y morwyr sibrwd. Clywodd Catherine y dynion yn sôn am Cape Horn. Un o'r lleoedd gwaethaf yn y byd am stormydd a gwyntoedd yw hwn. Gwyddai'r wraig ifanc y byddai'n rhaid iddi fod yn arbennig o ddewr unwaith eto yn y rhan beryglus hon o'r môr. Clywodd ei gŵr yn rhoi gorchymyn i'r dynion baratoi am dywydd drwg ac aeth yn ei hôl i'w chaban ac eistedd yn ymyl ei bachgen bach.

"Be sy yna, Mam?" gofynnodd Bob pan gafodd ei ddeffro gan sŵn y gwynt yn taro fel dwrn anferth yn erbyn y *Cricieth Castle*.

"Paid â dychryn. Mae Dad yn gofalu amdanom ni," atebodd Catherine, er bod ei llais hithau yn llawn pryder.

Codai'r tonnau fel mynyddoedd mawr gwyrdd a glas o gwmpas y llong. Roedd honno'n siglo yn ôl ac ymlaen fel rhywun wedi meddwi. Codai blaen y llong yn glir o'r dŵr weithiau, cyn plymio'n ôl fel morfil gwyllt i'r lli. Clywodd Bob y gwynt yn sgrechian o'u cwmpas a dechreuodd grio. Gwasgodd ei fam y bychan yn dynnach. Roedd rhywbeth yn dweud wrthi eu bod mewn perygl mawr. Agorodd drws eu caban yn sydyn a daeth Robert atyn nhw.

"Mae llyw y llong wedi torri'n rhydd! Fe ddo i'n ôl atoch mewn dau funud," meddai'n frysiog.

Gwyddai Catherine mai dyna'r peth gwaethaf a allai ddigwydd. Heb ei llyw, roedd y *Cricieth Castle* yn troi ac yn bownsio fel corcyn ar y dŵr. Ond yn wahanol i gorcyn, fe allai suddo unrhyw funud. Gweithiai'r criw yn galed hefo bwcedi i geisio taflu'r dŵr o'r dec yn ôl i'r môr, ond roedd y dasg yn amhosibl. Codai ton ar ôl ton gan ddyrnu'r llong, a honno fel pysgodyn heb gynffon, yn cael ei lluchio o gwmpas fel tegan yn cael ei ddryllio gan blentyn gwyllt.

"Mae'n rhaid i ni adael y llong!" meddai Robert wrth Catherine wedi iddo ruthro atyn nhw yr ail waith. "Fedrwn ni byth mo'i hachub, ond gobeithio y medrwn ni ein hachub ein hunain. Tyrd â digon o ddillad cynnes i'w lapio am yr hogyn bach a thithau."

Doedd hi ddim yn waith hawdd dringo o'r caban i'r dec. Roedd yn fwy anodd fyth brwydro yn erbyn y gwynt a'r môr er mwyn mynd i un o'r cychod achub. Roedd y *Cricieth Castle* yn suddo'n gyflym, a llithrodd rhai o'r morwyr i'r dŵr. Ond llwyddodd saith o'r criw i fynd i un cwch, a'r lleill oedd yn fyw i'r ail gwch. Wrth lwc, doedd y cychod ddim wedi cael eu dryllio yn y storm. Wedi sicrhau bod ei wraig a'i blentyn a'r criw yn ddiogel, chwiliodd Robert am fwy o duniau cig a chasgenni bach o ddŵr glân i'w yfed. Yna lluchiodd nhw i'r cychod. Roedd yn rhaid cael y rhain i'w cadw'n fyw. Erbyn hyn roedd y *Cricieth Castle* bron â diflannu o'r golwg dan y tonnau!

Wedi cael gorchymyn gan eu capten, tynnodd y morwyr yn galed ar y rhwyfau. Roedd yn rhaid iddynt fod yn ddigon pell o'r llong cyn iddi suddo rhag ofn iddi sugno'r cychod achub i lawr gyda hi i waelod y môr.

"Ble mae Dad?" llefodd Bob gan grynu fel ci bach ofnus.

Fel capten, ei dad oedd yr olaf i adael ei long. Dyna'r rheol ar y môr. Edrychodd Catherine arno'n sefyll am eiliad ar y dec gan edrych o'i gwmpas. Yna neidiodd y dyn dewr i'r tonnau a nofio tuag at y cychod. Gwasgodd ei wraig a'i blentyn bychan ato'n dynn ar ôl dringo o'r tonnau gwyllt. Yna aeth i ran ôl y cwch i ofalu am y llyw tra bod y morwyr eraill yn ailddechrau rhwyfo.

"Gorffwyswch am funud," meddai'r capten wrth y dynion ymhen ychydig. "Rydyn ni i gyd wedi blino."

Trodd pawb yng nghwch y capten i edrych ar y *Cricieth Castle* yn diflannu. Yna gafaelodd y morwyr yn y rhwyfau unwaith eto a dechrau tynnu. Roedd cwmpawd gan Robert ac roedd yn gobeithio y bydden nhw'n cyrraedd tir ymhen ychydig ddyddiau. Rhoddodd Catherine ychydig o fwyd a diod i'w gŵr a'r morwyr eraill, a mymryn i Bob a hithau. Gwyddai pa mor bwysig ydoedd iddi hi ofalu am y dŵr glân a'r cig tun. Roedd gan bawb arall ddigon i'w wneud. Er nad oedd yn chwythu cymaint erbyn hyn, fe ddaeth y nos yn sydyn ac roedd yn rhewi'n galed.

"Does dim golwg o'r cwch arall," meddai Catherine.

"Na, ond gobeithio y byddan nhw'n cyrraedd tir cyn bo hir," atebodd Robert.

Ni symudodd ei law oddi ar y llyw drwy'r nos. Dywedodd wrth ei wraig am roi slap galed iddo ar draws ei wyneb petai hi'n ei weld o'n syrthio i gysgu, ac er mor anodd oedd gwneud hynny, gwyddai Catherine mor bwysig oedd bod yn ufudd.

Roedd yn bwrw eira a chenllysg y bore wedyn. Lapiodd Catherine fwy o ddillad cynnes am Bob bach a gwelodd olwg flinedig iawn ar ei gŵr a'r dynion oedd yn rhwyfo. Ond nid oedd neb yn cwyno.

"Mae llong ar y gorwel!"

"Hwrê! Fe gawn ein hachub yn fuan!"

Ond er i'r dynion weiddi a chodi eu rhwyfau, roedden nhw'n gwybod eu bod yn rhy bell i'r llong eu gweld. Doedd dim i'w wneud ond rhwyfo ymlaen. Âi Catherine ag ychydig o fwyd a diod yn ofalus i bawb. Doedd hyn ddim yn beth hawdd gan fod y cwch yn cael ei ysgwyd cymaint gan y môr, fel bronfraith yn chwarae â phry genwair cyn ei lyncu. Diolchai'r dynion yn dawel i'r wraig ifanc. Poenai Catherine wrth weld bod dwylo ei gŵr wedi troi'n las ac yn wyn gan mor rhewllyd oedd y gwynt a'r dŵr.

"Paid ti â phryderu amdana i. Edrycha ar dy ôl dy hun a Bob," meddai Robert wrthi, gan gymryd tamaid o gig ganddi â'i law rydd.

Rhwbiodd Catherine wyneb a dwylo Bob bach er mwyn ceisio ei gynhesu, ond roedd yn wyn fel halen erbyn hyn. Sylwodd fod ei lygaid wedi eu cau. Mor braf fyddai gallu rhoi diod gynnes iddo! Gwasgodd y plentyn yn glosiach ati. Yna'r funud nesaf fe ddaeth ton anferth dros ran ôl y cwch. Rhoddodd Catherine sgrech dros bob man pan welodd ei gŵr yn cael ei ysgubo i'r môr. Cafodd y morwyr eraill eu lluchio ar draws ei gilydd ar waelod y cwch. Ceisiodd Catherine fynd at y llyw er mwyn gafael ynddo yn lle Robert, ond daeth ton arall dros y cwch a'i hyrddio hithau ar ei hyd. Agorodd Bob, a oedd yn dal yn ei breichiau, ei lygaid yr un eiliad.

"Diolch byth dy fod *ti* yn fyw, beth bynnag," meddai Catherine gan wasgu ei mab bach yn dynn.

Clywodd un o'r morwyr yn crio. Nid oedd peth felly'n digwydd yn aml, ond roedd colli ei gapten wedi gwneud y dyn yn ddigalon iawn. Roedd mam Bob bron â thorri ei chalon hefyd, ond gweddïodd yn dawel ac yna gwaeddodd ar y morwyr:

"Codwch o waelod y cwch ac ailddechrau rhwyfo! Fe geisia innau lywio."

Roedd Robert wedi ei ddysgu sut i wneud hynny yn ystod y fordaith, a hefyd sut i drin y cwmpawd. Roedd hwnnw, diolch byth, yn dal i weithio ac yn ddiogel yn rhan ôl y cwch. Yna'n sydyn fe ddigwyddodd dau beth sy'n anodd iawn eu coelio. Teimlodd Catherine ryw nerth newydd yn ei breichiau, ac nid oedd arni ofn o gwbl, ddim hyd yn oed ofn marw. A'r eiliad nesaf dyma don fawr arall yn taflu Robert yn ei ôl i'r cwch! Prin roedd Catherine yn gallu credu ei llygaid. Roedd dagrau o lawenydd yn rhedeg i lawr ei bochau wrth iddi blygu dros ei gŵr. Er ei fod wedi llewygu, gwyddai hi ei fod yn ddigon cryf i ddod ato'i hun ymhen ychydig. Ac fe wnaeth.

Gwasgodd ei wraig a'i hogyn bach yn ei freichiau am foment. Yna aeth at bob un o'r morwyr i ddweud wrthyn nhw am beidio â thorri eu calon. Roedd deall bod y fath wyrth wedi digwydd yn ddigon i'r dynion weiddi yn wan ond yn hapus, ac ailgydio'n benderfynol yn eu rhwyfau. Gofalodd Catherine am y llyw, a'r bychan ar ei glin, nes bod ei gŵr yn teimlo'n well.

"Diolch i ti am fod mor ddewr," meddai Robert wrthi gan ailafael yn y llyw. "Ac mor braf ydi gweld Bob yn gwenu arnon ni'n dau unwaith eto."

Ymlaen â nhw wedyn am rai dyddiau heb drafferthion mawr. Ond erbyn hyn roedd y morwyr yn teimlo'n wan ar ôl rhwyfo cymaint, ac er mor ofalus oedd Catherine wrth eu rhannu, roedd y dŵr yfed a'r cig tun yn brin iawn erbyn hyn. Mor hyfryd fyddai cael noson o gwsg! Ond gwyddai pawb mor hawdd fyddai llithro o'r cwch i'r môr a boddi pe bydden nhw'n cau eu llygaid a gorffwys. Er bod yr hogyn bach yn llon o weld ei dad yn ei ôl hefo nhw yn y cwch, roedd ei fam yn llawn pryder amdano gan fod y gwynt mor oer a'r eira'n parhau i ddisgyn. Crynai'r bachgen fel coesau ebol newydd ei eni. Roedd yn ddigon anodd i bobl gryf ddal yn fyw ar dywydd o'r fath mewn cwch agored ar y môr mawr, heb sôn am blentyn mor ifanc.

"Mynydd mawr gwyn!"

Bob welodd y tir gyntaf.

"Un o ynysoedd y Beauchenes," meddai Robert yn dawel. Roedd ei lais yn rhy wan iddo allu siarad yn glir. "Does neb yn byw arni," aeth yn ei flaen, "ond bydd yn gyfle i ni orffwyso ychydig cyn mynd ymlaen i Ynysoedd y Falklands. Dydi'r rheini ddim ymhell, a bydd croeso'n ein disgwyl yno."

Dim ond eira oedd i'w weld ym mhob man ar ôl iddyn nhw lanio, ac yn anffodus, fe dorrodd y cwmpawd wrth i'r cwch daro yn erbyn y lan. Gorweddodd pawb ar yr eira a'i stwffio i'w cegau. Roedd pob un bron â thagu o eisiau dŵr ac ar fin llwgu erbyn hyn.

"Codwch, neu mi fyddwn wedi rhewi i farwolaeth," meddai Robert ymhen ychydig.

Aeth y capten a dau o'r morwyr cryfaf ati i wneud mast a'i osod ar ganol y cwch. Wedi dod o hyd i ddarn o gynfas yng ngwaelod y cwch, dywedodd Robert:

"Fe wnaiff hwn hwyl fechan effeithiol. Fydd dim rhaid i chi rwyfo llawer o hyn ymlaen."

"Ydych chi'n gwybod y ffordd adre, Dad?" gofynnodd Bob.

"Ydw, 'ngwas i," atebodd ei dad ar ôl cael y cwch yn barod.

Er nad oedd y cwmpawd yn gweithio, roedd y capten ifanc yn sicr y bydden nhw'n cyrraedd Ynysoedd y

Falklands drannoeth. Roedd o wedi bod yn y rhan hon o'r byd o'r blaen. Bu'n rhaid i Catherine helpu rhai o'r llongwyr i gerdded i'r cwch y bore wedyn. Er hynny, fe gawson nhw wynt da i lenwi'r hwyl fechan, a chyn bo hir roedden nhw wedi cyrraedd — ar ôl wythnos gyfan ar y môr mewn cwch agored!

"Mae'n syndod eich bod yn dal yn fyw," ebe Mr Sully, ceidwad goleudy Cape Pembroke. Cymerodd Bob yn ei freichiau a dilynodd pawb arall ef yn araf tuag at yr adeilad crwn.

"Dyma i chi goffi poeth a bara menyn," meddai ymhen dim.

Edrychodd Bob mewn syndod ar y fflamau yn y grât. Doedd o ddim wedi gweld tân fel hyn ers amser. Synnodd Mr Sully o weld gwraig ifanc a phlentyn yno.

"Hi ofalodd amdanom ni i gyd," ebe un o'r llongwyr.

"Ie, a hebddi hi fuasen ni ddim yma," meddai un arall. "Bu'r bachgen bach yn ddewr dros ben ar hyd yr amser hefyd."

Daeth meddyg i'w gweld yn y goleudy. Rhoddodd ddillad cynnes a blancedi i bawb, yna aeth â nhw i'r ysbyty yn Port Stanley. Teimlai Catherine yn well ar ôl cael noson o gwsg, ond nid felly y lleill. Roedd rhwyfo mor galed wedi gwneud y morwyr yn sâl iawn, ac yn eu gwelyau yn yr ysbyty y buon nhw a'r capten am dair wythnos. Bu Catherine yn helpu'r nyrsys i ofalu amdanynt, ond am ei hogyn bach roedd hi'n poeni fwyaf. Roedd Bob druan wedi bod yn gorwedd ers dau ddiwrnod ac nid oedd yn gallu cerdded.

"Mae'r holl wynt a'r eira a'r rhew wedi gwneud esgyrn ei goesau yn wan, wan," meddai un o'r meddygon yn ysbyty Port Stanley wrth ei fam, "hwyrach na fydd yn medru cerdded byth eto."

Er hynny, canai'r bachgen yn llon wrth i'w dad ei gario ar ei ysgwydd i'r llong a oedd i'w gludo'n ôl i Gymru. Cawsant fordaith dawel y tro hwn, ac roedd pawb yn falch tu hwnt o gyrraedd Sir Gaernarfon.

Daeth llawer o'u ffrindiau i 'Gorsanedd', Llangybi, i groesawu'r teulu y buon nhw'n pryderu cymaint amdanyn nhw mor hir. Wedi gwella'n iawn, aeth Robert a'r llongwyr eraill yn ôl i weithio ar longau hwyliau, ond arhosodd Catherine gartref. Roedd ganddi hi rywbeth pwysig iawn i'w wneud, sef cael Bob i gerdded unwaith eto.

"O Mam, mae'n braf ar y plant eraill. Maen nhw'n medru rhedeg a chwarae!" meddai'r bachgen un diwrnod wrth syllu allan trwy ffenest y gegin.

Roedd hanner blwyddyn wedi mynd heibio. Nid oedd Bob yn gallu symud ei goesau o gwbl ar y dechrau, ond gyda chymorth y doctoriaid a'i fam, roedd yn gallu cropian ar ei bedwar erbyn hyn.

"Paid ti â thorri dy galon," meddai Catherine yn dawel wrtho, "mi gawson ni ein hachub o'r môr mawr, ac rydw i'n benderfynol y byddi di'n rhedeg yn well na dy ffrindiau cyn bo hir."

Brysiai ei dad adref o bob mordaith er mwyn gweld sut roedd ei fab yn dod yn ei flaen. Yna un bore, gwaeddodd yr hogyn yn hapus dros y tŷ. Roedd yn gallu sefyll heb i neb afael ynddo! Nid oedd wedi gallu gwneud hynny ers misoedd, ac yn araf deg, ac o gam i gam, fe ddysgodd sut i gerdded unwaith yn rhagor. Roedd ei fam yn ei helpu bob dydd, a'i dad hefyd pan oedd gartref o'r môr. Cymerodd chwe mis arall, er hynny, i fab y capten wella yn llwyr. A doedd yna'r un plentyn hapusach yng Nghymru na Bob pan gurodd y bechgyn eraill mewn ras. A doedd yna'r un llongwr mor falch â'i dad, na'r un fam mor llawen â Catherine Thomas chwaith.

Sam

Roedd Sam y ci wedi colli ei wynt. Eisteddodd yn y cae i orffwys gyda'i ddau frawd ar ôl bod yn rhedeg ar ôl sgwarnog. Roedd honno wedi gwneud hwyl am ben y tri daeargi Jack Russell, ac wedi diflannu i lwyn o goed. Cododd Sam ymhen dipyn a chychwyn am y chwarel. Brysiodd ei ddau frawd ar ei ôl gan eu bod yn hoff iawn o chwarae yn y twnelau a'r tyllau yn y fan honno. Sam oedd yn arwain bob tro, ac fe gawson nhw amser hapus yn rhedeg o gwmpas y creigiau, yn cuddio ac yn chwarae gêm dal ei gilydd.

Mae'n dechrau tywyllu, meddyliodd Sam, ac felly mae'n well i ni fynd adref neu mi fydd Simon yn poeni amdanom. Simon Clark oedd piau'r cŵn, a gofalai amdanynt yn ofalus. Wrthi'n paratoi eu swper yr oedd ar y pryd. Gwyddai Sam a'r ddau gi arall y bydden nhw'n cael pryd blasus ar ôl cyrraedd eu cartref yn Y Farteg, yn ymyl Pont-y-pŵl, ond pan oedd y tri ar gychwyn adref o'r chwarel, gwelodd Sam lwynog yn sleifio dros graig yn ei ymyl.

Roedd yn rhaid ei ddilyn a cheisio'i ddal! Llamodd y cŵn yn eu blaen fel tair mellten i erlid yr anifail chwim a hardd. Gan eu bod wedi colli'r sgwarnog, roedden nhw'n llawn cyffro yn eu hawydd i ennill y ras hon. Llithrodd y llwynog i dwnnel a'r brodyr yn dynn ar ei sodlau. Allan â nhw i gyd i'r awyr iach wedyn cyn rhuthro fel sêr gwib i dwll arall yn y creigiau.

Ryden ni bron â'i ddal, meddyliodd Sam, gan sgrialu ymlaen yn gyflymach. Ond gan fod y cadno cyfrwys yn gwybod ei ffordd o gwmpas y creigiau a thrwy'r twnelau yn well na nhw, fe ddiflannodd yntau hefyd o'u golwg cyn i'r tri Jack Russell ei ddal. Ond yn lle mynd adre'n dawel y pryd hwnnw, rhuthrodd y cŵn o gwmpas eto. Roedden nhw wedi gwylltio'n lân am iddyn nhw golli'r ras hefo'r sgwarnog a'r llwynog, a llament i mewn ac allan o dyllau a thwnelau fel pethau gwallgof.

Roedd un twnnel yn mynd yn bell, bell i mewn i'r mynydd. Gan na fu neb yn gweithio yn y chwarel ers blynyddoedd, roedd llawer o gerrig wedi syrthio yn y twnnel, ond gwasgodd y tri rhwng y rhain, yn benderfynol o fynd ymlaen. Ni welodd yr un o'r cŵn y twll mawr o'u blaenau gan ei bod mor dywyll o dan y ddaear. Nid Sam oedd yn arwain y tro hwn. Mynnodd ei ddau frawd wthio o'i flaen. Cyn i Sam sylweddoli beth oedd yn digwydd, syrthiodd y ddau arall i'r twll dwfn. I lawr ac i lawr â nhw, yn is ac yn is i grombil y ddaear.

Roedd sŵn eu crio a'u hudo wrth iddynt gwympo yn llenwi'r creigiau o gwmpas. Yna'n sydyn aeth pob man yn dawel. Roedd ei frodyr yn gorwedd yn farw ymhell, bell islaw Sam.

Bu bron iawn iddo yntau eu dilyn dros ymyl y twll anferth hefyd. Dim ond cael a chael oedd hi iddo allu stopio mewn pryd. Gorweddodd yn drist gan syllu i'r dyfnder du.

"Ble goblyn mae'r cŵn yna?" gofynnodd Simon Clark iddo'i hun. "Dyden nhw ddim yn arfer bod mor hwyr â hyn yn dod adre."

Roedd yn dywyll erbyn hyn. Holodd Simon ei gymdogion, ond doedd neb wedi gweld y tri Jack Russell er y pnawn.

"Paid â phoeni," meddai un o'i ffrindiau wrth y dyn ifanc. "Maen nhw'n sicr o wneud eu ffordd adref cyn y bore."

Chwiliodd Simon am ei gŵn am amser maith, er hynny, gyda chymorth fflachlamp, ond er iddo alw a galw, doedd dim golwg o'r tri yn unman. Ni chysgodd lawer y noson honno. Codai bob hyn a hyn i edrych a oedd y cnafon bach wedi dychwelyd. Teimlai Simon Clark yn drist iawn drannoeth. Yn lle tri o gŵn hapus yn neidio ac yn chwarae o'i gwmpas, roedd yna dawelwch llethol.

"Os na fyddan nhw'n ôl erbyn heno, fe fydd yn rhaid i mi gael help i chwilio amdanyn nhw," meddai wrth y bobl oedd yn byw'r drws nesaf iddo.

Ddaru Sam ddim cysgu'r un winc y noson gyntaf o dan y ddaear chwaith. Methai â symud o ymyl y twll am amser maith gan ei fod wedi dychryn cymaint. Yn araf deg daeth ei lygaid i arfer hefo'r tywyllwch a gallai weld rhyw fymryn o'i gwmpas. Daliai i wneud sŵn crio yn ei wddw drwy'r nos, gan hiraethu ar ôl y ddau Jack Russell bach arall.

Mae'n well i mi godi a cheisio mynd adre at Simon, meddyliodd. Teimlai'n oer, ac roedd yn rhaid iddo fod yn ofalus wrth drio symud neu fe fyddai yntau'n diflannu i'r hen dwll du dwfn am byth. Crynai ei goesau byr wrth iddo droi a chychwyn yn ei ôl drwy'r twnnel isel. Ond aeth o ddim ymhell. Roedd mwy o gerrig mân a meini mawr a llwch wedi disgyn o'r to wrth iddo fo a'i frodyr frysio mor wyllt drwy'r twnnel y diwrnod cynt. O'i flaen roedd yna wal o gerrig o bob maint a siâp yn sownd wrth ei gilydd. Ceisiodd ei wthio'i hun drwy dwll bychan, ond methodd. Trodd yn ei ôl. Ond dim ond twll hyll yn llawr y twnnel a'i hwynebai yn y fan honno. Gorweddodd yn benisel.

"Wnewch chi fy helpu?" holodd Simon Clark.

Siarad hefo Graham Stark yr oedd o ar y pryd. Bu Graham yn gweithio yn y chwarel cyn iddi gau ac roedd yn un o'r bobl hynny sy'n hoffi mynd i grwydro trwy ogofâu. Er ei bod yn gallu bod yn beryglus, byddai'n mwynhau dod o hyd i ambell ogof neu dwnnel newydd.

"Mae gen i ryw deimlad mai wedi mynd i'r chwarel mae'r cŵn. Mi rydw i wedi bod am dro gyda nhw yno lawer gwaith, ac maen nhw'n eu mwynhau eu hunain yno," eglurodd Simon wrtho.

Jackdaw's Quarry yw enw'r chwarel hon, ac mae hi uwchben pentref y Farteg.

"Rwy'n fodlon iawn dy helpu," atebodd Graham, "ond mae yna gymaint o dwnelau a hen dyllau yn y chwarel. Mae gen i ofn nad oes fawr o obaith dod o hyd iddyn nhw'n fyw os ydyn nhw ar goll yn rhywle ymhell y tu mewn i'r mynydd. Er hynny, mae'n rhaid i ni wneud yr ymdrech."

"Beth am ofyn i'r Gymdeithas er Atal Creulondeb i Anifeiliaid — yr RSPCA — ein cynorthwyo?" awgrymodd Simon.

"Syniad da," meddai Graham. "Fe ofynnwn ni i Ralph."

Ralph Evans oedd y gŵr a drefnai ac a arweiniai dimau achub pan fyddai rhyw anifail wedi crwydro i le peryglus. Roedd yntau hefyd yn fwy na pharod i gynorthwyo. Aeth Graham i chwilio am fwy o bobl a oedd wedi arfer anturio i dwnelau ac ogofâu, a bu Ralph yn ddiwyd yn casglu tîm achub yr RSPCA at ei gilydd.

Erbyn hyn roedd Sam druan yn teimlo'n unig iawn. Dechreuodd gyfarth. Ond doedd dim ateb, dim ond ei lais ei hun yn atseinio o'r twll ac o'r cerrig a'r creigiau o'i amgylch. Gresyn na fyddai ei frodyr ac yntau wedi bod yn fwy ufudd ac wedi gwrando ar eu meistr, meddyliodd. Roedd Simon wedi dweud wrthyn nhw lawer tro am beidio â mentro yn rhy bell i'r twnelau peryglus. Er nad oedd y cŵn yn gallu ei ateb, roedden nhw'n deall pob gair a ddywedai'r gŵr ifanc a ofalai mor ffeind amdanyn nhw. Oedd, roedd Sam yn teimlo'n euog. Gan ei fod yn chwech oed, ac yn hŷn na'r ddau Jack Russell arall, fo oedd i fod i ofalu amdanyn nhw. Daeth rhyw lwmp caled i wddw Sam wrth feddwl na welai ei ddau frawd eto.

Ac mae'n siŵr na wela i neb arall chwaith, meddai wrtho'i hun. Does fawr o obaith i bobl ddod i'm hachub i o'r lle ofnadwy yma. Er hynny, mi rydw i am barhau i gyfarth tra medra i.

Ond aeth ei lais yn gryg yn fuan gan fod cymaint o lwch yn mynd i'w wddw. Roedd hwnnw mor sych â sbwng newydd, heb fod erioed mewn dŵr.

Chwiliodd Simon, Graham, Ralph a'r bobl oedd yn eu helpu y tir gwastad o gwmpas pentref y Farteg i ddechrau. Yna fe aethon nhw'n uwch i gyfeiriad y chwarel. Fe rannon nhw'n wahanol dimau wedyn gan fod cymaint o leoedd i chwilio ynddyn nhw. Bydden nhw'n aros yn llonydd bob hyn a hyn i wrando am sŵn cyfarth, cyn ailgychwyn dros y creigiau neu ar hyd y twnelau. Fe fuon nhw'n gwneud hyn am rai dyddiau. Ond doedd dim sôn am yr un ci yn unman.

"Mi rydw i'n ddiolchgar iawn i chi i gyd am helpu," meddai Simon wrth y lleill un noson. "Ond does fawr o siawns bod yr un o'r cŵn yn dal yn fyw erbyn hyn, yn nagoes?"

"Fe ddaliwn ni i chwilio, " atebodd Graham yn dawel.

"Efallai y cawn well lwc fory," ebe Ralph, gan geisio ymddangos yn siriol.

Synnodd Simon Clark eu bod yn fodlon rhoi cymaint

o'u hamser a'u nerth i geisio dod o hyd i anifeiliaid. Gwyddai mor bwysig oedd parhau i chwilio am blant a aeth ar goll, ond nid oedd wedi sylweddoli o'r blaen mor barod oedd rhai pobl i dreulio dyddiau'n trio achub cŵn.

Roedd Ralph yn llygad ei le. Drannoeth clywodd un o ferched tîm yr RSPCA sŵn cyfarth gwan, gwan. Brysiodd y lleill ati wedi cael y newydd da a safodd pawb yn llonydd a mud i wrando. Oedd, roedd yna sŵn cyfarth egwan ymhell bell y tu mewn i'r mynydd i'w glywed o geg un twnnel.

"Cyfarthiad un ci ydi o, rwy'n credu," sylwodd Ralph.

Roedd yn ddigon hawdd cychwyn i mewn i'r mynydd, ond roedd trafferthion mawr o'u blaen.

"Mae'n ddigon hwylus i gŵn Jack Russell fynd trwy le mor fach, ond bydd yn rhaid i ni dyllu am ddyddiau eto i glirio'r holl feini a cherrig yma," meddai Graham, gan daro'i gaib yn erbyn carreg galed arall a thynnu ei helmed yn dynnach am ei ben.

Bu pawb wrthi'n brysur yn eu cwman fel hyn am rai dyddiau. Llifai'r chwys wrth iddyn nhw dyllu a chlirio cerrig mawr a bach cyn gallu cropian ymlaen yn isel ac yn ofalus am ychydig eto trwy'r twnnel hir, cul ac anwastad.

"Mae'r ci yn dal i gyfarth," sylwodd un o'r achubwyr un bore.

"Dyden ni fawr nes ato, chwaith," atebodd Simon yn drist. "Dydi'r cyfarth yn ddim uwch nag ydoedd pan oedden ni'n dechrau tyllu."

"Ie, ond rhaid i ti gofio bod y creadur bach yn mynd yn wannach," ebe Ralph. "Mae'n wyrth ei fod yn fyw o gwbl ar ôl bod bron i bythefnos o dan y ddaear."

Doedden nhw ddim yn ddigon agos at Sam eto iddo allu eu clywed. Erbyn hyn roedd golwg ddigalon dros ben ar y ci druan. Roedd wedi bod heb fwyd, a bron mor denau â gwifren ffiws. Yn ffodus, roedd wedi gallu llyfu dŵr a redai i lawr ochr wal y twnnel yn ei ymyl. Dyna oedd wedi ei gadw'n fyw, mae'n debyg. O! mor hyfryd fyddai cael bod allan yn yr haul yn chwarae, a chael bisgedi a chig gan Simon, meddyliodd. Doedd ganddo fawr o le i symud o gwmpas a threuliai lawer o'i amser yn pendwmpian. Yna ceisiodd godi. Ond roedd yn rhy llesg erbyn hyn. Daliai i gyfarth rŵan ac yn y man, fodd bynnag, ond âi hynny yn fwy anodd bob tro.

Cafodd ambell freuddwyd hapus, lle gwibiai ar ôl sgwarnog neu redeg ras gyda'i feistr. Rowliai yn y gwair dro arall, cyn bowndio i gyfarfod plant y stryd lle roedd yn byw wrth iddyn nhw gyrraedd adre o'r ysgol. Dringai ambell goeden yn ei freuddwydion hefyd gan dynnu yng nghynffon rhyw gath druan. Dro arall ceisiai ddal pry rhwng ei ddannedd. Ond wedi deffro, doedd dim i'w weld ond hen gerrig llwyd o'i gwmpas — a'r twll o'i flaen fel ceg gwrach anferth, a'r wal y tu ôl iddo mor ddisymud â drws wedi ei gloi. Mor dawel oedd pob man!

Dychmygu yr ydw i, mae'n siŵr, meddai'n sydyn un diwrnod pan feddyliodd ei fod wedi clywed cerrig yn symud.

Ond na, roedd Sam yn berffaith gywir. O'r diwedd roedd rhai o'r criw achub wrth y mur o gerrig a meini a gadwai'r ci yn garcharor o dan y ddaear.

"Fyddwn ni ddim yn hir cyn gweld y ci," meddai Graham Stark gan dyllu i mewn i'r wal.

Roedd y gwaith yn galed ond gwaeddodd Simon yn hapus ar ôl torri twll bach trwy'r mur. Yn anffodus, ar yr un pryd fe lithrodd Sam druan dros ymyl y dibyn oherwydd ei fod mor gyffrous o glywed llais ei feistr. Ond wrth lwc, ni syrthiodd yn bell, a disgynnodd ar silff o graig yn ddianaf. Cyfarthodd fel pe'n dweud wrth y dynion uwch ei ben am frysio i ddod i'w nôl.

Erbyn hyn roedd Graham wedi cropian at ymyl y twll mawr. Fo fu'n arwain y ffordd drwy'r twnnel gan ei fod wedi arfer mwy na'r lleill. Yna daeth Ralph ato yn cario rhaff. Roedd o wedi gwneud dolen ynddi'n barod i fynd am gorff y ci i'w godi o'r silff gul. Gwasgodd Simon ei hun yn ofalus at ymyl y ddau arall.

"Sam ydi o!" sibrydodd.

"Mae'n falch o dy weld ond paid â dweud dim wrtho rhag iddo gyffroi mwy. Os bydd o'n disgyn eto, fydd dim gobaith i ni ei achub," meddai Ralph yn ddistaw.

Tawelodd pawb arall y tu ôl iddyn nhw yn y twnnel, gan ddisgwyl yn eiddgar. Gollyngodd Ralph y rhaff tuag at Sam, ond doedd y creadur bach ddim yn deall. Gwthiai'r ddolen i ffwrdd hefo'i drwyn dro ar ôl tro.

"Mae'n rhaid bod yn amyneddgar. Ryden ni'n sicr o gael y ddolen amdano yn y munud. Ar ôl disgwyl am hyn ers dros bythefnos, mae'n werth bod yn ofalus," ebe Graham yn benderfynol.

Bu'r tri yn trio a thrio, yn araf deg ac yn bwyllog, i gael y ddolen am ganol Sam i'w achub. Roedd ochrau'r twll yn rhy serth a pheryglus i neb fentro dringo i lawr at y daeargi ofnus. Ond o'r diwedd, ar ôl ceisio dro ar ôl tro am ddwy awr gyfan, llwyddodd Graham i gael y rhaff yn ddiogel am Sam.

"Hwrê!" gwaeddodd y merched a'r dynion o'r tu ôl pan gawson nhw gip ar y ci yn llyfu wyneb ei feistr wedi iddo gael ei godi o'r twll dwfn.

Cariodd Simon yr unig Jack Russell oedd ar ôl ganddo bellach yn dringar yn ei freichiau i'r awyr iach. Ceisiai rhai o'r timau achub roi mwythau i'r creadur, ond swatio'n dawel dan gesail ei ffrind pennaf a wnâi Sam.

Roedd pawb ym mhentref y Farteg wrth eu bodd pan welson nhw'r merched a'r dynion yn dychwelyd gyda'r ci fu ar goll yng nghrombil y mynydd am bymtheng niwrnod.

"Paid ti â llowcio dy fwyd yn rhy wyllt!" chwarddodd Simon ar ôl cyrraedd adref. Ond roedd yr hen Sam bron â disgyn o eisiau rhywbeth i'w fwyta. Ddaru o erioed fwynhau pryd mor flasus â'r swper a gafodd nos Wener, 19 Ebrill, 1991.

Aeth Simon â Sam at y milfeddyg drannoeth er mwyn iddo gael ei archwilio, ond yn gyntaf fe'i golchodd yn lân er mwyn cael gwared ar yr holl faw a llwch o'i flew.

"Mae'n rhaid ei fod yn anifail bach cry," ebe'r milfeddyg yn siriol. "Buasai un gwan wedi marw erbyn hyn."

Roedd Simon yn falch o ddeall nad oedd ei ffrind bychan wedi brifo nac yn sâl, ac ar ôl ffarwelio â'r milfeddyg a diolch iddo, aeth Simon am dro hefo Sam i weld Graham Stark.

"Erstalwm roeddwn i'n meddwl mai hen beth dwl oedd i rai fel chi fynd i dwnelau ac ogofâu," meddai Simon wrtho. "Ond rydw i wedi newid fy meddwl, ac mae Sam a minnau'n ddiolchgar tu hwnt i chi a'r holl griw fu'n chwilio."

"Popeth yn iawn," atebodd Graham. "Ond mae'n bwysig nad ydi plant yn mentro i leoedd peryglus, yn wahanol i ni sy wedi hen arfer."

Llyfodd Sam law y gŵr ifanc a siaradai mor gall, i ddangos mor falch ydoedd o gael ei achub. Yna cerddodd wrth sawdl Simon draw i weld Ralph.

"Wel, yr hen gi, sut wyt ti erbyn hyn?" holodd yntau, gan anwesu ei ben. "Dwyt ti ddim yn edrych fawr gwaeth ar ôl dy antur yn y chwarel!"

"Rwy'n deall rŵan pam mae'n bwysig i blant a phawb arall roi arian i'ch Cymdeithas chi," meddai Simon wrth ddiolch iddo fo ac aelodau ei dîm achub. "Ddaru mi erioed sylweddoli fod yr RSPCA yn gorfod gwneud gwaith mor beryglus."

"Mae plant ysgol yn rhai ardderchog am hel arian i helpu ein gwaith," ebe Ralph yn llawen. "Ac o sôn am blant, mi rydw i am drefnu i'r Fyddin ffrwydro wyneb y graig yn y chwarel er mwyn llenwi'r tyllau a'r twnelau. Fydd dim peryg i blant na chŵn fynd ar goll neu gael eu brifo yno wedyn."

Cyfarthodd Sam fel pe bai'n cytuno â phob gair!

"Mae o wedi clywed digon o siarad," chwarddodd Ralph. "Ewch â fod am dro. Fe wna'r awyr iach les mawr iddo ar ôl iddo gael ei garcharu am amser mor hir."

Ac i ffwrdd â Sam a Simon i grwydro. Bu'r ci'n mwynhau rhedeg ar ôl ambell sgwarnog, gan ysgwyd ei gynffon. Ond aeth o ddim yn bell. Roedd yn well ganddo aros yn ufudd yn ymyl ei feistr. Oedd, roedd yr hen gi wedi dysgu ei wers. A doedd arno ddim eisiau gweld yr un llwynog am hir iawn chwaith!

Eric, Arwr yr Eira

"Mae'n rhyfedd gweld Eric yn disgyn o'r awyr!"

"Ydi, dringo i fyny mynyddoedd y mae o fel arfer."

"Ond mae o'n cael hwyl dda ar ddysgu sut i ddisgyn o awyren hefo parasiwt."

"Digon gwir. Ac mae Eric wrth ei fodd yn gwneud rhywbeth newydd a gwahanol."

Mick Coffey a Leo Dickinson oedd yn sgwrsio. Roedden nhw wedi bod yn ymarfer trin parasiwt, ac yn gwylio'r Cymro o Dremadog yn glanio'n ddiogel. Roedd y tri wedi penderfynu mynd i ran oer ac unig o Dde Patagonia i gerdded ar hyd yr afonydd rhew yno.

"Mi rydw i'n gobeithio y gallwn ni hefyd ddringo Cerro Lautaro — y mynydd tân — pan fyddwn ni yno," meddai Eric Jones ar ôl ymuno â nhw.

Edrychai'r tri ymlaen at gael eu cludo gyda bwyd a slediau mewn awyren, ac yna'u gollwng gyda pharasiwt i'r rhew. Roedd popeth yn barod ar gyfer dechrau'r daith fore trannoeth.

"Ychydig iawn o bobl sy wedi bod yn y rhan honno o'r byd," meddai Mick tra oedden nhw'n bwyta'u swper.

"Mae yno gannoedd ar gannoedd o filltiroedd sgwâr o ddim byd ond rhew ac eira," ebe Leo. "Beth ydi ystyr yr enw Patagonia, tybed?"

"Fe aeth dyn o'r enw Magellan yno yn y flwyddyn

1520," atebodd Eric. "Yn ystod y fordaith bu'n darllen llyfr o chwedlau yn sôn am Patagon."

"Pwy neu beth oedd Patagon, felly?" holodd Mick.

"Rhyw anghenfil rhyfedd yn rhuo fel tarw, medden nhw," atebodd Eric. "A'r peth cyntaf a welodd Magellan pan ddisgynnodd o'i long oedd dyn mawr heb ddillad amdano. Roedd yn neidio ac yn dawnsio o'i flaen, yn gweiddi ac yn lluchio tywod i bob man fel rhyw greadur gwyllt! Cofiodd Magellan am yr hanes roedd wedi ei ddarllen, a phenderfynodd alw'r wlad yn Patagonia."

Wedi hedfan i Buenos Aires, roedd siom yn aros y tri.

"Mae daeargryn newydd ddigwydd yn Nicaragua," meddai'r dyn oedd yn eu cyfarfod. "Ac mae pob awyren a hofrennydd yn brysur yn cario bwyd a dillad a meddygon yno. Felly does yr un ar gael i'ch cludo chi i Dde Patagonia."

"Wel, dyna hen dro," meddai Mick. "Fe fydd yn rhaid i ni lusgo'r bwyd a'r holl bethau eraill ar slediau, fel pe bydden ni'n gŵn hysgi! A ninnau wedi gobeithio cael trip mewn awyren."

"Twt, fe wna les inni ac mi gollwn dipyn o bwysau wrth wneud," atebodd Leo. "Ac fe awn â phob parasiwt hefo ni."

"I beth?"

"O, fe gei di weld. Tyrd, mae llong yn ein disgwyl i'n cludo ran o'r daith."

Fe fuon nhw wrthi am dros bythefnos wedyn yn teithio'n ôl ac ymlaen yn cario eu pethau i le o'r enw Glasier Marconi. Ond er ei fod yn waith mor galed, roedd Eric wrth ei fodd yn gweld gwahanol adar ac anifeiliaid.

"Mae'n rhaid i ti gael llun y llwynog," meddai wrth Leo a oedd yn gwneud ffilm o'r daith. "Welais i erioed un mor ddof yn fy mywyd."

Roedd y llwynog hoffus hwn yn eu dilyn ar eu teithiau ac yn disgwyl cael rhannu eu swper bob nos. Ond bu'n rhaid iddyn nhw ei hel i ffwrdd yn y diwedd neu byddai wedi bwyta popeth oedd ganddyn nhw!

"Mae'n siŵr nad oedd o erioed wedi gweld pobl o'r blaen," dywedodd Leo wrth ffilmio'r anifail tlws yn diflannu i'r pellter dros yr afon rew. "Doedd ganddo fo mo'n hofn ni o gwbl."

Yn ystod un o'r teithiau hyn, sylwodd Mick fod ambell dun o gig yn diflannu o'r babell arbennig lle cadwent y bwydydd tun, a phan ddaethon nhw â llwyth arall o duniau i'r babell un diwrnod, gwelodd Eric anifail o'r enw *armadillo* yn tyllu oddi tani.

"Wn i ddim sut mae'r lleidr yma'n mynd i agor y tuniau cig," chwarddodd Eric. "Ond dydi hi ddim yn jôc ein bod ni'n chwysu i'w cario er mwyn iddyn nhw fynd o'r golwg i'w dwnelau o!"

Roedden nhw'n falch o gyrraedd Glasier Marconi gyda'r llwyth olaf, er bod Leo wedi mwynhau'r cyfle a gawsai i ffilmio creaduriaid fel yr aderyn mawr o'r enw condor a hedai uwch eu pennau wrth iddynt lusgo'r slediau.

"Ac fe gefaist ti luniau ardderchog o'r hwyaden honno," meddai Eric wrtho pan oedden nhw'n gosod eu pabell ac yn paratoi i dreulio'u noson gyntaf ar Glasier Marconi.

"Do wir," atebodd Leo. "Welais i erioed hwyaden debyg o'r blaen. Roedd hi'n nofio i fyny ambell raeadr yn yr afon lle'r oedden ni'n cychwyn hefo'n llwythi, ac yna byddai hi'n gleidio i lawr y dŵr gwyllt fel un yn sgïo yn y Gêmau Olympaidd. A'i chywion bach hi'n bownsio i fyny ac i lawr ar y lli wrth ei hymyl fel plant yn cael sbort ar drampolîn!"

Chwarddodd y tri ac yna gorwedd i geisio cysgu yn eu pabell ysgafn, ond cyn gynted ag y caeon nhw eu llygaid, dechreuodd y gwynt chwythu'n filain. Torrodd y polion a ddaliai'r babell yn y rhew yn hawdd, a bu bron i'r babell ddiflannu wrth i'r storm geisio ei chipio i ffwrdd.

"Arnat ti mae'r bai am ddod â phabell mor ysgafn!" gwaeddodd Mick ar Leo wrth redeg ar ôl darn o'r defnydd a oedd wedi rhwygo.

"Waeth i chi heb â ffraeo," meddai Eric. "Does dim i'w wneud ond ein lapio'n hunain mewn darnau o'r babell sy wedi torri. Mae digon o ddillad a sachau cysgu cynnes gynnon ni."

Chawson nhw fawr o gwsg. Ond fe gawson nhw well lwc y bore wedyn. Wrth sefyll ar y rhew, fe welson nhw ddynion o Dde Affrica yn tynnu slediau. Roedden nhw hefyd ar daith anturus yn y rhan hon o'r byd, ac wedi tipyn o dynnu coes, fe roeson nhw babell fawr newydd oedd ganddyn nhw'n sbâr yn anrheg i'r tri arall.

"Ymlaen â ni i chwilio am y mynydd tân," ebe Eric ar ôl iddyn nhw ddiolch i'r dynion caredig a dymuno'n dda iddyn nhw.

Tynnai Mick ac Eric un sled drom gyda'i gilydd a llusgai Leo un ysgafnach, gan weithio'r camera yr un pryd. Doedd dim i'w weld ond rhew ac eira ym mhob man, fel môr gwyn a chaled o'u cwmpas. Roedd ganddyn nhw fap syml a chwmpawd, ac roedd yn fore heulog braf. Cafodd y tri ddiwrnod cyntaf hapus yn teithio i gyfeiriad Cerro Lautaro.

Ond am ddyddiau lawer wedyn, bu raid iddyn nhw swatio yn eu pabell newydd gan fod niwl trwchus a tharth dros bob man. Yna daeth y gwynt eto gan chwythu'r eira'n ffyrnig. Roedd hi'n ddychrynllyd o oer, a threuliodd y dynion eu hamser yn gwrando ar gasetiau.

"Go dda! Mae hi'n fore braf!" gwaeddodd Eric ar y ddau arall un diwrnod.

Ymlaen â nhw wedyn i gyfeiriad y mynydd a oedd i'w weld yn y pellter. Edrychai Eric ar ei gwmpawd bob hyn a hyn i ofalu eu bod yn mynd i'r cyfeiriad cywir rhag ofn i'r niwl a'r tarth ddod drostyn nhw'n sydyn. Y noson honno, roedden nhw wedi dod o fewn ychydig filltiroedd i Cerro Lautaro, ac arogl y tân a'r mwg yn llenwi eu ffroenau'n barod.

"Rwy'n edrych ymlaen at ddringo'r mynydd fory," meddai Mick.

"Os byddwn ni'n lwcus," atebodd Eric yn dawel.

"Be wyt ti'n feddwl?" holodd Leo.

"Wel," meddai Eric, "roedd yr Indiaid oedd yn byw yn Ne Patagonia gannoedd o flynyddoedd yn ôl yn credu bod un o'u duwiau yn llechu yn y mynydd hwn. A phan oedd y fflamau a'r lafa'n cael eu hyrddio o Cerro Lautaro, roedden nhw'n meddwl mai'r duw yma'n colli ei dymer ydoedd, ac yn eu cadw i ffwrdd rhag dringo'r llethrau."

"Diolch nad ydi'r tân a'r lafa'n ffrwydro rŵan," ebe Leo. "Os llwyddwn ni, ai ni fydd y cyntaf i ddringo'r mynydd?"

"Roeddwn i'n meddwl fod y dringwr enwog Eric Shipton wedi gwneud hynny yn y flwyddyn 1960," meddai Mick.

"Fo oedd y cyntaf i roi'r mynydd ar fap," atebodd Eric. "Ond doedd y tywydd ddim yn ddigon clir iddo geisio ei goncro. Ond mae dau o wlad Ariannin wedi llwyddo."

Roedd hi'n heulog fore trannoeth wrth iddyn nhw gychwyn, ond bu raid iddyn nhw droi'n ôl am eu pabell ar ôl cyrraedd gwaelod y mynydd gan i niwl trwchus fel cynfas wen ddisgyn drostyn nhw. Wrth lwc, roedd Mick wedi gosod polion sgïo i sefyll yn yr eira a'r rhew bob yn hyn a hyn wrth iddyn nhw deithio yn y bore, ac roedd yn haws felly iddyn nhw ddod o hyd i'r ffordd yn ôl yn ddiogel i'r babell trwy'r niwl.

"Dywedais wrthych na fyddai'n dasg hawdd," ebe Eric ar ôl cyrraedd. Ac yna dyma fo'n dweud: "O, mi rwyt tithau wedi bod ar goll yn y niwl hefyd, yn do?"

Siarad hefo aderyn bychan — asgell fraith — yr oedd y Cymro. Roedd yr aderyn unig wedi cael ei ddrysu gan y gyfnas wen ond wedi glanio wedyn ar do eu pabell. Rhoddodd Mick ychydig o fenyn iddo.

"Rwy'n sicr y daw o â lwc dda i ni'r tro nesaf y byddwn yn ceisio dringo Cerro Lautaro," meddai wrth y ddau arall, gan barhau i fwydo'r aderyn. "Wyt ti am aros yma'n gwmpeini i ni?"

Ond hedfan i ffwrdd wnaeth yr asgell fraith — i chwilio am wair a choed a oedd yn brafiach na'r holl rew, niwl ac eira o'i chwmpas.

"Mi fuasai'n well i ninnau ei ddilyn," meddai Leo gan besychu. "Er 'mod i'n cael lluniau gwych, dyden ni ddim yn gall yn aros yng nghanol arogl drwg y mwg a'r nwyon sy'n dod o'r mynydd."

Gwyddai, er hynny, mai mynd ymlaen y bydden nhw. Gan fod eu gyddfau mor sych roedden nhw'n yfed dŵr yn aml, a gan eu bod yn cael trafferth i oleuo'r stôf i doddi'r rhew a'r eira er mwyn cael diod, roedd hyn yn cymryd amser. Ond dyma geisio'r ail waith i ddringo'r mynydd ymhen diwrnod neu ddau.

"Mae'n awyr las, a does dim golwg o niwl," ebe Leo yn llawen wrth i'r tri ddechrau dringo llethrau isaf Cerro Lautaro.

Ond bu raid iddyn nhw droi'n ôl unwaith eto, oherwydd pan oedden nhw tua hanner y ffordd i fyny'r mynydd, daeth cawodydd o rywbeth tebyg i genllysg melyn am eu pennau allan o grombil y mynydd.

"Mae hen dduw'r Indiaid yn benderfynol o'n rhwystro ni," ebe Mick wrth iddo gael ei daro'n filain yn ei wyneb gan y darnau miniog o rew lliwgar.

Roedd Leo, fodd bynnag, yn hapus iawn gan nad oedd erioed wedi cael dim byd tebyg i hyn ar ffilm o'r blaen. Ond roedd Mick yn andros o flin ei dymer ar ôl wythnos arall o oedi.

"Mae hi'n niwl tew bob dydd," meddai wrth y lleill. "Waeth i ni fynd adre ddim yn lle gwastraffu'n hamser yn y pen draw'r byd drewllyd yma!"

"Paid â bod mor fyr dy dymer," atebodd Eric. "Mae gynnon ni ddywediad yng Nghymru, sef 'Tri chynnig i Gymro', ac mae gen i syniad sut i drechu'r mynydd, gydag ychydig o lwc, y trydydd tro."

Cynllun syml ond campus Eric oedd cychwyn am hanner nos, gan ddringo hefo lampau cyn i niwl y bore ddod dros lethrau isaf y mynydd.

"Byddwch yn ofalus rhag syrthio i *crevasse* yn y tywyllwch ar y ffordd at droed y mynydd," rhybuddiodd y Cymro.

Twll dyfn yn y rhew yw *crevasse*, ac mae llawer un wedi marw ar ôl disgyn i un o'r rhain. Fe ddaeth y tri'n ddiogel at waelod y mynydd, fodd bynnag, ac erbyn pump o'r gloch y bore roedden nhw'n dringo'n galed i fyny'r llethrau. Cafodd Leo luniau gwych o'r sêr uwch eu pennau, ac o'r blaned Mawrth yn disgleirio'n goch yn yr awyr. Am chwech o'r gloch tynnodd lun penigamp o'r haul yn codi dros y rhan unig ac oer hon o'r byd. Teimlai'r tri'n llawer hapusach wrth i'r gwres ddechrau eu cynhesu.

"Yn tydi'r siapiau yma'n fendigedig?" sylwodd Mick.

Edrychodd Eric ar y gwahanol batrymau a cherfluniau yn y rhew a'r eira, a'r cyfan yn lliw pinc hardd yng ngolau haul y bore. Ond er bod y rhain yn werth eu gweld, roedd arogl y nwyon o'r mynydd tân bron â'u mygu. Roedden nhw wedi cyrraedd uchder o ddeng mil o droedfeddi erbyn hyn, ac yn agos i'r copa. Doedd fawr ddim eira na rhew ar y brig — dim ond côn o laid cynnes, a pheryglus.

"Peidiwch â mynd yn rhy agos at y twll!" rhybuddiodd Leo wrth dynnu lluniau o'r golygfeydd bendigedig a welai.

Eisteddodd y ddau arall mewn lle gweddol ddiogel i adennill eu gwynt ar ôl cyrraedd copa Cerro Lautaro, wedi un awr ar bymtheg o ddringo caled.

"Mae rhai pobl yn meddwl nad yden ni ddim yn gall yn gwneud peth fel hyn, ond ar ôl gweld ffilm Leo, siawns na fyddan nhw'n deall," meddai Mick.

"Dacw Gefnfor Iwerydd i'r dwyrain, a'r Cefnfor Tawel i'r gorllewin," sylwodd Eric. "A draw acw yn y de mae'r fan lle glaniodd Magellan a gweld yr Indiad hwnnw erstalwm."

"Mae'n rhaid bod yr Indiaid hynny yn bobl gryfion," meddai Leo heb arafu yn ei waith o dynnu'r lluniau gorau a gafodd erioed.

"Oedden wir," atebodd y Cymro. "Roedden nhw'n rhwyfo'u canŵs ysgafn, heb ddillad, yng nghanol stormydd a rhew ac eira ar y môr. Ac yn cario hefo nhw'r trysor pwysicaf oedd ganddyn nhw."

"Aur ac arian wyt ti'n feddwl?" holodd Mick.

"Nage," meddai Eric. "Tân. Dyna'r peth mwyaf gwerthfawr iddyn nhw mewn gwlad o rew ac eira fel hon. A phan laniodd Magellan a gweld tanllwythi o dân yma ac acw ar lan y môr, dyma fo'n galw'r lle yn Tierra del Fuego."

"Tir y Tân," meddai Leo.

"Yn hollol," atebodd Eric. "Dyna ystyr yr enw."

"I lawr â ni cyn gynted ag y medrwn!" gwaeddodd Leo.

Trodd y ddau arall eu pennau'n sydyn a gweld cwmwl o nwy melyn yn saethu i'r awyr o grombil y mynydd.

"Ie, gwell i ni gychwyn oddi yma," gwenodd Mick. "Mae hen dduw'r mynydd wedi cael digon ar ein cwmni. Ac fe fydd wedi ein gwenwyno os nad awn ni'n reit slic."

Er bod y tri'n pesychu a thagu, ac yn dechrau teimlo'n sâl yng nghanol y fath arogl drwg, roedd yn anodd gadael brig y mynydd a ffarwelio â'r olygfa fendigedig. Fe gawson nhw daith ddiogel yn ôl. Leo oedd yr olaf i adael copa'r mynydd gan ei fod am dynnu ychwaneg o luniau o'r môr mawr llydan i gyfeiriad y de, a hwnnw yn cyrraedd ymhell draw yr holl ffordd i Antarctica. Oherwydd ei fod mor brysur, ni sylwodd ar yr hyn a welodd ei ddau ffrind ychydig funudau cyn cychwyn i lawr.

"Do, fe welodd Mick a minnau fynydd arall — un nad yw ar yr un map," meddai Eric wrth Leo ar ôl cyrraedd yn flinedig i'w pabell.

"Mynydd tua deng milltir i'r gogledd," ebe Mick yn gyffro i gyd. "Mi ryden ni am geisio dringo hwnnw hefyd."

"Ardderchog," atebodd Leo, yn teimlo'r un mor gyffrous am ei fod wedi cael diwrnod mor wych o ffilmio.

Wrth lwc fe ddaliodd y tywydd a mynydd Cerro Lautaro yn dawel am ychydig ddyddiau eto. A chadwodd y tarth a'r niwl draw.

"Dydw i erioed wedi bod yn sgïo o'r blaen," chwarddodd Mick wrth i'r tri gychwyn i lawr y llethr o'u pabell i gyfeiriad y mynydd dieithr un bore'n fuan wedyn.

Roedden nhw wedi penderfynu mai dyma'r ffordd orau i deithio y tro hwn. Cafodd Leo well hwyl arni, a gallai sgïo a ffilmio'r un pryd.

"Rhaid i ni fod yn ofalus eto rhag llithro i *crevasse*,"

rhybuddiodd Eric. "A rhaid i ni beidio â syrthio a thorri coes neu fraich. Ddaw yna'r un hofrennydd i'n cario i ysbyty. Cofiwch eu bod nhw i gyd yn brysur yn helpu draw yn Nicaragua."

Wedi cyrraedd godre'r mynydd dieithr yn ddiogel, gadawodd pob un ei ddau sgi ar lan llyn bychan, a hwnnw'n sgleinio'n wyrdd yn yr heulwen. Roedd rhaff yn clymu'r tri dringwr wrth ei gilydd.

"Mi fuasai'r Indiaid erstalwm yn sicr o ddweud bod rhyw dduw arall yn byw o dan y mynydd hwn hefyd," ebe Leo.

"Pam wyt ti'n dweud hynny?" gofynnodd Mick.

"Edrych di ar y copa."

Gwelodd y tri fwg ac ager yn codi i'r awyr.

"Mae'n amlwg mai mynydd tân ydi hwn hefyd," sylwodd Eric. "Ond mae'n reit dawel, er hynny."

"Tybed ydi o'n beth doeth mentro i ben *dau* fynydd tân?" gofynnodd Mick.

"A beth am y twll anferth yma yn yr eira a'r rhew o'n blaen ni?" meddai Leo.

Edrychodd y tri dringwr ar y *crevasse* mwyaf a welson nhw yn eu bywyd. Roedd fel ffos wen ddofn o gylch godre'r mynydd — yn un hollt fawr gron. Cofiodd Eric weld rhywbeth tebyg yn amddiffyn ambell gastell yng Nghymru. Cerddodd y tri i un cyfeiriad am amser maith, ac yna i'r cyfeiriad arall gan chwilio am bontydd o eira a rhew i groesi'r hollt beryglus.

"Dim ond un bont sydd yna," sylwodd Eric ar ôl i'r tri fod yn chwilio am hir.

"Mae'n edrych yn ddigon diogel i ni ei chroesi," meddai Leo.

"Ydi, ond nid dyna'r pwynt," atebodd Mick. "Mi rydw i wedi gweld llawer pont o eira a rhew fel hon yn syrthio i'r *crevasse* heb rybudd o gwbl, a heb i neb fod yn ei chroesi. Os digwydd hyn pan fydd y tri ohonom ar y mynydd tân dieithr hwn, fe fyddwn fel llongwyr ar ynys unig yn disgwyl am rywun i ddod i'n hachub."

Edrychodd y tri ar ei gilydd. Roedd synnwyr yng ngeiriau Mick. Troi'n ôl fyddai'r peth callaf. Cadw draw wnaeth yr Indiaid doeth yn sicr, gannoedd o flynyddoedd yn ôl. Ond mae darganfod rhywbeth newydd yn un o'r pethau mwyaf cyffrous yn y byd. Ac wedi dod ar draws mynydd newydd sbon, roedd yr ysfa i geisio ei ddringo yn rhy gryf yn y tri i droi'n ôl. Ac ymlaen â nhw. Roedd dringo'r mynydd hwn, ar ôl croesi'r bont yn dringar, yn haws na'r mynydd arall ar y dechrau gan fod eira caled ar y llethrau isaf, ond wedi cyrraedd yn agos i'r copa, roedd pethau'n wahanol.

"Mae brig y mynydd fel siâp madarch," sylwodd Eric. "Rwy'n siŵr mai rhew ac eira meddal sydd yna. Mi fydd hwn yn anodd iawn i'w ddringo.'

Gan mai'r dringwr o Dremadog oedd y mwyaf profiadol o'r tri, fo aeth ar y blaen i geisio concro brig y mynydd. Wrth lwc doedd fawr o fwg na nwyon yn dod ohono ar y pryd. Cychwynnodd Eric yn ofalus. Teimlai fel morgrugyn yn dechrau ei daith i fyny coesyn caws llyffant. Wedi cyrraedd pen hwnnw, roedd yn rhaid dringo allan i'r chwith neu'r dde ac yna'i godi ei hun dros yr ymyl ac ymlaen i'r fan uchaf un. Ond roedd yn haws i forgrugyn ar gaws llyffant gan nad oedd hwnnw wedi ei wneud o rew ac eira meddal!

Roedd yn rhaid i Eric ddefnyddio dwy fwyell rew wrth ddringo'r rhan aruthrol o anodd hon, a phlannu ei freichiau yn yr eira hyd at ei geseiliau er mwyn cael gwell gafael. Er ei fod wedi ei glymu wrth y ddau arall â rhaff ddringo, pe byddai'n llithro fe allai dynnu'r ddau arall hefo fo wrth ddisgyn. Ond doedd Eric ddim yn meddwl am bethau felly, dim ond meddwl sut i fynd ymlaen yn bwyllog o gam i gam. Cymerodd dri chwarter awr i ddringo'r darn byr yma o'r mynydd, er ei fod yn un o ddringwyr mwyaf enwog a phrofiadol y byd.

"Mae'n debyg i ryw deisen briodas fawr, fawr, a honno wedi dechrau malu'n ddarnau," ebe'r Cymro wrtho'i hun wrth nesu at y brig.

O'r diwedd, heb frys na phanig, fe goncrodd y mynydd. Yna defnyddiodd ei raff i helpu'r ddau arall i gyrraedd ato.

"Dyna ni wedi darganfod a dringo mynydd nad oedd neb yn y byd yn gwybod amdano," ebe Leo.

"Dim ond un peth sydd ar ôl i'w wneud — rhoi enw arno," meddai Mick.

"Beth am ei alw yn Cerro Mimosa?" gofynnodd Eric.

Wedi iddo egluro mai enw'r llong a gariodd bobl o Gymru i Batagonia yn y flwyddyn 1865 oedd Mimosa, cytunodd y ddau arall ei fod yn enw ardderchog. Gwrandawodd y llanc o Iwerddon a'r dringwr o Loegr ar y Cymro yn dweud mor ddewr y bu'r Cymry cyntaf a ddaeth i fyw i Batagonia. Roedden nhw wedi rhyfeddu hefyd bod llawer yn parhau i siarad Cymraeg yno heddiw a hwythau mor bell o Gymru.

"Ac mae Cerro mor debyg i'r gair 'carreg' yn Gymraeg," meddai Eric wedyn wrth i'r tri gychwyn yn ôl yn ofalus i odre'r mynydd.

Wrth lwc, roedd y bont o rew ac eira caled dros y *crevasse* yn dal i fod yno. Roedd hi'n hanner nos erbyn hyn, a bu'n rhaid defnyddio lampau wrth sgïo yn ofalus yn ôl i gyfeiriad eu pabell. Yna dringo'r rhan olaf un o'r daith yn flinedig, cyn troi i gysgu'n fodlon iawn y noson honno.

Drannoeth, dyma glymu'r parasiwtiau a'r rhaffau dringo wrth y ddwy sled.

"Yn ôl â ni rwân," meddai Leo. "Mae'r gwynt o'r cyfeiriad iawn i lenwi'r ddwy barasiwt er mwyn ein tynnu ni a'r slediau dros y rhew."

Deallodd Mick wedyn pam yr oedden nhw wedi gofalu dod â'r parasiwtiau gyda nhw.

"Mae hyn yn ardderchog!" gwaeddodd wrth gael ei lusgo ar ei ddau sgi y tu ôl i un sled a'r gwynt yn y parasiwt yn tynnu'r sled honno dros y tir gwyn, gwastad.

Yna'n sydyn fe faglodd. Ond wrth lwc roedd eira meddal yn digwydd bod yn y fan honno a syrthiodd iddo'n swp ar ei wyneb. Roedd Eric yn union y tu ôl iddo, yn cael ei lusgo gan y sled a'r parasiwt arall. Doedd dim modd stopio! A dyma'r Cymro a'r sled a'r parasiwt yn chwyrlïo fel awyren isel dros Mick druan. Ond gan i hwnnw syrthio'n ddwfn i'r eira meddal, doedd o'n ddim gwaeth ar wahân i gael llond ceg a chlustiau o eira!

Chwerthin yn braf am ben hyn wnâi'r tri wrth fwynhau pryd o gig oen Patagonia ar ôl gadael tir y rhew a'r eira. Roedd yn hyfryd gweld coed a gwair, a thai a phobl unwaith yn rhagor ar ôl bod yn crwydro lle mor anial ac unig am bum deg pedwar o ddyddiau.

"Roedd hi'n werth yr holl drafferth, yn doedd?" meddai Mick. "Wna i byth anghofio'r olygfa o ben Cerro Lautaro."

"Tynnu dy lun di ar dy hyd yn yr eira oedd y sbort mwyaf i mi," gwenodd Leo.

Ond darganfod mynydd, ei ddringo a rhoi'r enw Mimosa arno fydd yn aros yng nghof Eric Jones am byth.

'Paid â'i ollwng!'

"Fi sy'n cael gwisgo cap Dad rŵan."

"Nage, fi!"

"Na, fy nhro i ydi bod yn beilot y tro yma."

Rowliodd y plant ar draws ei gilydd wrth ffraeo. Roedden nhw'n chwarae mai awyren eu tad oedd y soffa, ac roedd ar y tri eisiau ei gyrru drwy'r awyr! Disgynnodd cap eu tad ar lawr wrth iddyn nhw ddadlau.

"Rydyn ni'n siŵr o gael row."

"Bobol bach, be sy'n mynd ymlaen yma?" gofynnodd Mrs Margaret Lancaster pan ddaeth i'r ystafell fyw o'r gegin.

Ond chwerthin wnaeth eu tad, Tim Lancaster, wrth godi ei gap a'i wisgo'n barod i fynd am ei gar.

"I ble ydych chi'n mynd heddiw, Dad?" gofynnodd un o'i blant.

"I Malaga."

"Yn Sbaen," eglurodd y plentyn hynaf wrth y lleill gan ei ddangos ei hun, braidd.

"Cofia gymryd gofal," meddai Margaret wrth Tim gan ei helpu i wisgo'i siaced â phedair streipen ar y llawes.

"Fe fydda i'n siŵr o wneud," atebodd ei gŵr.

Yna trodd at y soffa.

"Cofiwch chwithau fyhafio a gofalu am eich mam tra bydda i i ffwrdd."

"Olreit," ebe'r tri phlentyn hefo'i gilydd fel pe bydden nhw mewn parti cydadrodd.

Sylwodd Tim Lancaster mor braf oedd y tywydd wrth iddo yrru ei gar am faes awyr Birmingham. Roedd yn falch o hynny. Byddai'n cael taith dawel drwy'r awyr, gyda lwc, heb stormydd na niwl na gwyntoedd cryf.

"Ydi popeth yn iawn?" gofynnodd i un o'r dynion ar ôl cyrraedd.

Roedd hwnnw'n gorffen paratoi'r awyren BAC 1-11 jet ar gyfer hedfan.

"Ydi," atebodd yntau. "Er ei bod yn ddeunaw oed, mae'r jet mewn cyflwr ardderchog. Ryden ni wedi newid un neu ddau o bethau am rai newydd. Mae'r sgrin wynt yn un. Rwy'n siŵr y cewch eich cario heb drafferth o gwbl."

Wedi diolch iddo fo a'i weithwyr diwyd am eu gofal, aeth Tim i weld Susan Price. Un o'r merched siriol a ofalai am y teithwyr ar yr awyren oedd hi.

"Faint o bobl lwcus sy'n cael hedfan hefo ni heddiw?" gofynnodd iddi gan wenu.

"Mae yna wyth deg un o deithwyr y tro yma, felly fe fydd yr awyren yn llawn," atebodd Susan, gan helpu gwraig oedrannus drwy'r drws a'i harwain i'w sedd gyfforddus.

Roedd popeth yn barod. Wedi cael caniatâd gan y bobl yn y tŵr rheoli, cychwynnodd Tim ar ei daith. Roedd wrth ei fodd yn clywed peiriannau'r jet yn sgrechian wrth iddyn nhw gychwyn. Er ei fod wedi bod yn hedfan ers rhai blynyddoedd, roedd rhyw gyffro yn ei fysedd wrth lywio'r awyren fawr ar hyd y tarmac cyn gadael y ddaear. Yna cododd y jet yn araf, a phob un o'r teithwyr yn mwynhau'r olygfa wych drwy'r ffenestri.

"Bore da," meddai Tim wrthyn nhw drwy'r radio o sedd y peilot. "Croeso i chi i gyd i'r awyren. Ryden ni ar hyn o bryd yn dringo'n araf uwchben Birmingham. Mae'n dywydd braf ac rwy'n sicr y byddwch wrth eich bodd yn hedfan hefo ni. Os bydd angen rhywbeth arnoch, gofynnwch i Susan Price neu un o'r merched eraill. Mwynhewch y trip."

Siaradodd yn hwyliog wedyn â gweddill y criw a'i helpai ar y dec hedfan. Roedd gan Tim rai ardderchog yn gweithio hefo fo. Roedden nhw wedi hedfan hefo'i gilydd am filoedd ar filoedd o filltiroedd, ac i lawer gwlad yn y byd. Edrychai pob un ar y rhes o glociau bychain o'i flaen gan sicrhau bod y peiriannau a phopeth arall yn gweithio yn foddhaol. Roedd gan Susan a'r genethod eraill dasg yr un mor bwysig hefyd, sef gofalu am y teithwyr. Ambell dro roedd rhai'n ofnus, yn enwedig wrth hedfan am y tro cyntaf, ond buan iawn roedden nhw'n gwenu ac yn dechrau eu mwynhau eu hunain ar ôl i un o'r merched eu cysuro.

Roedd Tim wedi codi'r awyren i uchder o ddau ddeg tri o filoedd o droedfeddi erbyn hyn.

"Rhaid i mi gofio dod â phresantau bach i Margaret a'r plant o Malaga," meddai Tim wrth Alistair Atchison, ei gyd-beilot. Byddai'r ddau'n llywio'r awyren bob yn ail.

"Fe fydd fy nheulu innau'n gobeithio cael anrhegion hefyd," atebodd Alistair.

Chwarddodd wedyn wrth wrando ar ei gapten yn adrodd hanes ei blant yn ffraeo a'i gap yn rowlio o'r soffa i'r llawr.

'BANG!'

Torrwyd ar eu sgwrsio difyr gan y glec fwyaf a glywodd yr un o'r ddau erioed. Roedd y sgrin wynt fawr o'u blaenau wedi ffrwydro'n ddarnau, a'r rheini'n chwalu ac yn disgyn allan. Dim ond y ffrâm oedd ar ôl. Yr un eiliad, codwyd Tim yn glir o'i sedd. Torrodd y strap fu'n ei gadw yn ei le wrth lywio'r awyren, a chafodd ei sugno gan ryw nerth mawr i gyfeiriad y twll lle bu'r sgrin wynt. Neidiodd Nigel Ogden, un o'r criw, ymlaen fel bwled gan afael yn dynn yn un o draed Tim cyn i hwnnw ddiflannu drwy'r bwlch am byth!

Roedd corff Tim druan yn hongian allan o'r lle gwag. Dim ond ei draed oedd ar ôl y tu mewn i'r awyren. Roedd John Howard, aelod arall o'r criw, wedi rhuthro ymlaen hefyd ac wedi gafael yn sownd yn nhroed arall y capten fel chwaraewr rygbi mewn tacl.

"Paid â'i ollwng!" gwaeddodd Nigel arno.

John a Nigel, yn gafael fel daeargwn yn ei fferau, a gadwai Tim rhag cael ei dynnu allan o'r awyren. Yn ystod yr eiliadau cyntaf wedi'r glec, roedd y jet anferth wedi dechrau troi ar ei hochr a'i thrwyn wedi gostwng. Ond dim ond am foment. Pan welodd Alistair fod Nigel wedi llwyddo i afael yn dynn yn nhroed Tim, fe ruthrodd yntau am lyw yr awyren. A chyn i'r jet fynd allan o reolaeth a phlymio yn chwil i'r ddaear, llwyddodd i'w thynnu'n ôl a'i hedfan yn syth ymlaen unwaith eto. Gwasgodd ei wregys diogelwch i'w le a gwaeddodd ar Simon Rogers, awyrennwr arall oedd hefo nhw yn nhu blaen y jet:

"Ocsigen! Dos i nôl y masgiau ocsigen o'r cwpwrdd. A gafael yn dynn mewn rhywbeth neu fe fydd hi ar ben arnat tithau hefyd!"

Heb ocsigen, fe allen nhw farw unrhyw eiliad gan eu bod mor uchel a thwll yn nhu blaen yr awyren. Brysiodd Simon, gan afael mewn darnau o'r awyren wrth fynd yn ei flaen, i roi un masg am wyneb Alistair. Yna plygodd i roi rhai am wynebau John a Nigel.

"Beth am Tim?"

"Aros lle'r wyt ti," atebodd Alistair. "Os codi di i fyny a cheisio mynd at y capten, mae perygl i tithau gael dy sugno allan hefyd. Y cwbl allwn ni ei wneud rŵan ydi ei rwystro fo rhag disgyn, a glanio cyn gynted ag y gallwn!"

Yna siaradodd Alistair yn chwim trwy'r radio. Cafodd ganiatâd yn syth bin gan dŵr rheoli maes awyr Southampton i lanio'r jet yno.

"Diolch byth nad yden ni allan uwchben y môr, a heb fynd yn rhy bell," meddyliodd wrth ostwng trwyn yr awyren. "Fe gawn dynnu'r masgiau ocsigen yn fuan."

Rhuodd y peiriannau fel gwrachod gwallgof wrth i'r peilot hedfan yr awyren yn gyflymach nag a wnaeth erioed o'r blaen. Ond er gwaethaf y sŵn dychrynllyd, gallai John glywed rhai o'r teithwyr yn gweiddi mewn braw o'r tu ôl iddyn nhw.

"Simon!" gwaeddodd Alistair gan symud ei fasg o'i geg am eiliad. "Dos di i gymryd lle John a gafael yn sownd yn ffêr Tim. Fe gaiff John fynd i helpu Susan i dawelu'r teithwyr. Mae o bron â chyffio."

"Does dim rhyfedd eu bod yn sgrechian," ebe John pan gyrhaeddodd y drws oedd rhwng y criw yn nhu blaen y jet a'r teithwyr yng ngweddill yr awyren. Roedd hwnnw wedi cael ei chwythu'n agored ar ôl y glec, a'r teithwyr wedi gweld y cyfan a ddigwyddodd. Aeth John drwyddo gan ei gau yn dynn ar ei ôl neu byddai'r teithwyr hwythau'n cael trafferth i gael eu gwynt.

"Roedden ni fel tasen ni wedi'n rhewi yn ein seddau," meddai un ohonyn nhw o'r enw David Duncan, "gan ein bod yn meddwl mai bom oedd wedi ffrwydro. Mae yna gymaint o sôn am bethau felly, yn does?"

Llwyddodd Susan a John a'r merched eraill i dawelu'r bobl yn bur dda.

"Roedden ni wedi dychryn wrth weld mwg yn dod o rywle, a theimlo'r awyren yn troi ar ei hochr," ebe Allan Case, un arall oedd yn mynd ar ei wyliau yn y jet.

"Ond y peth mwyaf dychrynllyd oedd gweld y peilot druan yn hongian allan a'r lleill yn gafael ynddo," meddai un arall — Margaret Simmonds. "Ydi o wedi marw?"

"Does dim posib gwybod," atebodd John yn dawel. "Ond mae pawb yn gwneud eu gorau. Gallwch chi gynorthwyo drwy beidio â mynd i banig, a gadael i mi fynd yn ôl i helpu gweddill y criw ar y dec hedfan."

Daliai cwestiwn Margaret Simmonds i droi rownd a rownd yn ei feddwl wrth iddo gyrraedd pen blaen y jet. Gofynnodd yntau yr un cwestiwn yn ddistaw i Simon pan gymerodd ei le yn gafael yn nhroed Tim.

"Heb ocsigen ganddo, ac wedi'r fath ddamwain a sioc, tydw i ddim yn rhy obeithiol ei fod yn fyw," atebodd. "Ryden ni wedi methu ei dynnu'n ôl i'r awyren. Mae ei gorff yn mynd yn sownd yn ffrâm wag y ffenest bob tro. Ond fyddwn ni ddim yn hir cyn glanio."

Profiad na chawsai ei debyg erioed oedd hwn i Alistair Atchison, sef llywio awyren tra bod ei gapten yn hongian drwy'r twll o'i flaen mor llonydd â charreg fedd.

"Ryden ni wedi disgyn i dair mil o droedfeddi uwchlaw'r ddaear erbyn hyn," meddai wrth weddill y criw.

Roedd Alistair ar fin dweud rhywbeth arall pan waeddodd Nigel: "Mae Tim yn fyw!"

Am y tro cyntaf er iddyn nhw afael ynddo, teimlodd Nigel droed ei gapten yn symud ychydig yn ei ddwylo. Er mai dim ond am chwarter awr y bu Tim yn hongian felly, roedd yn fwy tebyg i oes gyfan iddo fo ac i'r criw. Pan gafodd eu pennaeth ei dynnu drwy'r lle gwag lle bu'r sgrin wynt, roedd o wedi dychryn am ei fywyd. Roedd fel pe byddai pawen rhyw fwystfil creulon wedi malu'r ffenest a'i gipio yntau o'i sedd. Trawodd y gwynt ei gorff wedyn fel pe byddai'n grys yn crogi ar lein ddillad i sychu. Roedd fel tase fo'n hedfan ar ei ben ei hun am eiliad neu ddwy, dros ugain mil o droedfeddi'n uchel yn yr awyr. Ac yna teimlodd blwc sydyn yn un troed. Wedyn yn y llall. Disgynnodd ar ei hyd ar drwyn yr awyren. Llewygodd.

Pan ddaeth ato'i hun ymhen ychydig, meddyliodd mai wedi bod mewn damwain car yr oedd. Ond na, roedd yn hongian yn yr awyr! Methai â deall. Pam nad oedd o wedi disgyn fel carreg a chael ei ladd? Beth yn y byd oedd yn ei gadw rhag disgyn? Ceisiodd droi i weld y tu ôl iddo, ond methodd gan fod ei gorff wedi fferru yn y gwynt deifiol. Roedd pob gewyn yn ei gorff fel pibonwy. Meddyliodd yn sydyn am Margaret a'i blant. Mor wahanol oedd peth dychrynllyd fel hyn i'r sbort a gafodd wrth weld ei gap yn rowlio o'r soffa! Llewygodd unwaith eto.

Pan agorodd ei lygaid yr ail waith gwelodd dir islaw iddo yn y pellter. Ni allai weld yn glir iawn, ond gwyddai fod Alistair yn llywio'r awyren tuag at ryw faes glanio. Dyna fu ei hanes wedyn — llewygu a dod ato'i hunan bob yn ail. Dywedai wrtho'i hun fod yn rhaid iddo ddal i anadlu, er mor boenus oedd hynny. Roedd wedi dal ei wynt am hir yn ei fraw pan syrthiodd drwy'r ffenest. Yna, ar ôl rhyw ddeng munud teimlodd ychydig yn well. Ceisiodd symud eto. A dyna'r eiliad y gwyddai Nigel, wrth deimlo'r cryndod yn y droed, fod eu capten yn dal yn fyw.

Er bod Alistair wedi cael blynyddoedd o brofiad yn glanio awyrennau yn ddiogel ac yn ofalus rhag ysgwyd y teithwyr, gwyddai mai hwn oedd y tro pwysicaf iddo wneud hynny. Pe byddai'r olwynion yn taro'r ddaear yn rhy sydyn, gallai Tim gael anaf a fyddai'n ei ladd. Wedi llwyddo i ddod â'i gapten i lawr yn fyw o uchder o dros ugain mil o droedfeddi, byddai'n drasiedi pe byddai Tim yn marw oherwydd glanio blêr.

Fe gyffyrddodd rwber pob teiar ar olwynion y jet y tarmac mor ysgafn â Rhiain y Dŵr yn cerdded ar hyd pwll o ddŵr. Roedd brigâd dân ac ambiwlans yn eu disgwyl. Llwyddodd criw y ddau fodur i gael Tim i lawr yn araf ac yn ofalus, a chyn pen dim roedd meddygon yn ei archwilio yn drylwyr mewn ysbyty.

"Chlywais i erioed am ddamwain fel hon o'r blaen," dywedodd un ferch oedd yn feddyg enwog. "A go brin y digwyddith y peth byth eto chwaith."

"Digon gwir," atebodd meddyg arall. "Mae'r lluniau pelydr-X yma'n dangos mai dim ond wedi torri asgwrn bach neu ddau y mae o."

"Ie," ebe'r prif feddyg. "Asgwrn mewn un penelin, un arddwrn ac un bawd. Ac mae'n naturiol fod effaith rhew ar un llaw, a'i fod wedi cael braw ofnadwy. Ond mae'n fyw. Mae hynny'n profi bod gwyrthiau yn parhau i ddigwydd."

"Ydyn. Ond i weddill y criw ar y dec hedfan mae'r diolch, yntê?' meddai'r meddyg arall. "Pe bydden nhw heb feddwl mor sydyn a symud mor chwim, fe fyddai pethau wedi bod tipyn yn wahanol."

Roedd gweddill y teithwyr yn falch dros ben o glywed y newyddion da. Er eu bod i gyd wedi cael cryn sioc, roedden nhw'n gwybod eu bod wedi cael taith y byddai'r byd i gyd yn sôn amdani. Wedi trefnu i awyren arall eu cludo, aeth y rhan fwyaf ohonynt iddi, ond roedd yn well gan saith o'r teithwyr hynaf aros tan drannoeth er mwyn cael cyfle i ddod dros y cyffro. Methai pawb â deall pam roedd y sgrin wynt wedi torri a honno'n un newydd. Roedd y peth yn ddirgelwch llwyr.

Er bod llawer o bobl yn awyddus i siarad ag Alistair a Nigel, John a Simon am yr helynt, roedd yn well ganddynt hwythau fynd i'w cartrefi'n dawel ar ôl bod yn gweld eu capten yn yr ysbyty. Dyna fu hanes Susan Price a'r merched eraill hefyd. Gwasgodd Tim ddwylo pob un wrth ddiolch iddyn nhw am ei achub.

Ond er nad oedd Tim Lancaster wedi ei anafu'n ddifrifol, ni chafodd fynd yn ôl i hedfan am bum mis. Mae bod yn beilot yn waith hynod o gyfrifol a phwysig, ac mae'n rhaid bod yn berffaith iach a chryf bob amser cyn gafael yn llyw unrhyw awyren. Er mor falch roedd Margaret a'r plant o gael Tim adref o'r ysbyty yn weddol fuan, a'i gwmni yn y tŷ am wythnosau wedyn, roedd y peilot yn awyddus iawn i fynd yn ôl i'w waith.

"Pam na ddaru'r cap yma syrthio o'r awyren?"

"Ie, pam na ddisgynnodd y cap wrth i chi gael eich sugno allan o'r jet?"

"Yr un cap ydi hwn, yntê, a'r un roedden ni'n cael hwyl gydag o wrth chwarae hedfan ar y soffa?"

Y plant oedd yn holi eu tad yn dwll fel arfer. Roedd Tim ar fin cychwyn o'i gartref am y maes awyr am y tro cyntaf wedi'r ddamwain.

"Ie, yr un cap ydi o," chwarddodd. "Ond tydi peilot ddim yn gwisgo'i gap pan fydd o wrth lyw'r awyren. Roedd yn sownd dan fy sedd drwy'r amser. A chofiwch beidio â chwarae hefo fo eto. Mae'n rhaid i'r cap fod yn lân a thaclus erbyn yr wythnos nesa!"

Wedi i'w tad fynd, gofynnodd y plentyn lleiaf i'w fam:

"Be sy'n digwydd yr wythnos nesa?"

"Mae Dad yn cael tystysgrif am fod yn ddewr."

"A'r lleill, am beidio ei ollwng, ac am ddod â fo adre'n saff."

Roedd y ddau blentyn arall wedi ateb y cwestiwn cyn i'w mam gael cyfle.

"Peidiwch ag anghofio be wnaeth Susan Price a'r merched dewr eraill," meddai Margaret Lancaster. "A chofiwch eich tri hefyd fod yn lân a thaclus ar y diwrnod pwysig. A bod yn blant da er mwyn i Dad a'r dynion a'r merched eraill fu'n helpu gael diwrnod hapus i'w gofio.''

"Be ydi tystysgrif?"

Y plentyn lleiaf oedd yn holi eto. Ond erbyn hyn roedd y ddau arall wedi mynd allan o'r tŷ i chwarae. A chafodd eu mam gyfle i ateb y tro hwn!

Yr Hen Jones

"Ym mhle cefaist ti'r llong hwyliau hardd yna?"

"Mewn siop deganau ym Mhwllheli."

"Mae hi'n mynd yn ardderchog ar yr afon."

"Ydi, ond mae'n rhaid i mi afael yn dynn yn y llinyn, neu fe fydd y llong yn cael ei chipio gan y dŵr. A dyna ei cholli am byth wedyn."

Roedd y ddau ffrind wrth eu bodd yn chwarae fel hyn ar lan yr afon. Gan nad oedd y dŵr yn ddwfn, roedd yn lle diogel i gael sbort.

"Fuaset ti'n hoffi hwylio mewn llong fawr ar draws y môr?" holodd Wil.

"Mi fase'n well gen i fod yn perthyn i dîm y bad achub," atebodd John. "Mae'r rheini'n bobl ddewr iawn."

Wedi blino ar chwarae hefo'r llong fechan, dyma nhw'n penderfynu lluchio cerrig at hen dun oedd yn y dŵr bas.

"Fi ydi'r gorau!' gwaeddodd John.

"Na, rydw innau newydd daro'r tun gydag un garreg hefyd," atebodd Wil gan chwerthin. "Be sy'n y fan acw?"

Roedd Wil ar fin taflu carreg arall pan sylwodd ar y gwair yn symud ar lan arall yr afon.

"O, yr hen Jones sydd yna," meddai John.

"Wel ie wir, dacw ein ffrind newydd sy'n byw yn yr ardal yma ers rhyw ddau fis."

"Mi stopiwn ni luchio cerrig rhag ofn i ni ei frifo."

"Be ydi ei enw fo'n iawn? Mae'n rhyfedd ei alw fo'n Jones o hyd."

"Wn i ddim, wsti, ond dyna be mae pawb arall yn ei alw."

Cododd y ddau eu dwylo'n llon ar eu cyfaill. Nofiodd yntau'n dawel atyn nhw fel llong hwyliau Wil.

"Mi fuaswn i'n hoffi gallu trafaelio trwy'r dŵr mor gyflym â fo."

"A minnau hefyd. Fe fydden ni'n curo pawb mewn ras yn y pwll nofio wedyn."

Roedd yr hen Jones yn falch iawn o'u gweld, ac eisteddodd yn fodlon ar y lan rhwng y ddau fachgen.

"Wel, sut ddiwrnod gefaist ti heddiw?" gofynnodd Wil iddo.

"Mi gawson ni gêm bêl-droed ardderchog yn yr ysgol y pnawn yma," meddai John. "Ac mi ddaru mi rwystro'r bêl dair gwaith rhag mynd i'r rhwyd."

Roedd y bechgyn yn mwynhau dweud eu hanes wrth eu ffrind newydd. Cododd yntau ei ben ac edrych arnyn nhw fel pe byddai ar fin eu hateb. Pan ddaeth i fyw i Sir Gaernarfon i ddechrau roedd yn ofnus iawn, a chadwai'n ddigon pell oddi wrth bobl a phlant. Ond erbyn hyn roedd yr hen Jones wedi dod yn gyfeillgar hefo pawb yn Abersoch.

"Hen dro ei fod o mor dawel," meddai Wil.

"Ond mae o'n gwrando ar bopeth ryden ni'n ei ddweud," atebodd John. "Mi fase Mr Williams, yr athro yn yr ysgol, wrth ei fodd yn cael un mor ddistaw yn y dosbarth. Mae o'n gweiddi arnom ni'n dau am siarad o hyd!"

"John, mae'n amser swper!" galwodd llais o ddrws un o dai Penlan yn ymyl yr afon.

"Wel, yr hen Jones, mae Mam yn galw, felly mae'n rhaid mynd adref. Nos da."

"Fe ddown ni i gadw cwmpeini i ti eto fory fel arfer," meddai Wil gan afael yn ei long degan cyn cychwyn yn ôl.

Cerddodd yr hogiau'n araf i gyfeiriad y rhes tai lle'r oedden nhw'n byw. Trodd y ddau i gael un golwg arall ar yr hen Jones.

"Sut mae o'n gallu cadw ei ddillad mor lân?" gofynnodd Wil.

"Wn i ddim," atebodd ei ffrind, "ond fe hoffwn i allu bod mor daclus ag o. Mi rydw i'n siŵr o gael ffrae gan Mam ar ôl baeddu 'nhrowsus ar lan yr afon."

"Mae 'nhraed innau'n wlyb, ac fe fydd fy mam innau'n flin hefyd," meddai Wil. "Mae'n braf ar yr hen Jones yn cael mynd i gysgu heb neb yn swnian arno fo!"

Roedd yr haul yn tywynnu'n gynnes drannoeth. Wedi i'r plant fynd i'r ysgol, ac i'r dynion adael am eu gwaith, roedd gwragedd Penlan yn brysur yn eu cartrefi. Wrthi'n rhoi dillad ar y lein yn yr ardd gefn roedd mam Wil pan welodd hi'r hen Jones yn cerdded yn hamddenol tuag ati ar hyd y llwybr.

"Helo, 'ngwas i, sut wyt ti'r bore yma? Aros di i mi orffen hefo'r dillad yma ac fe a' i i'r tŷ i nôl rhywbeth i'w fwyta i ti. Ddaru Wil ddim gorffen ei frechdanau amser brecwast!"

Eisteddodd yr hen Jones yn yr haul yn ymyl y fasged ddillad i'w disgwyl. Roedd pawb ym Mhenlan yn ei nabod erbyn hyn, ac yn gwybod y byddai'n mwynhau cael tamaid bach blasus ganddyn nhw bob bore. Wedi blino aros, cododd a cherdded ar ôl mam Wil at ddrws cefn ei chartre. Safodd yn obeithiol y tu allan. Doedd o byth yn mynd i mewn yn ddigywilydd i'r un o'r tai. Wedi cael brechdan, a diolch â'i lygaid, i ffwrdd â fo wedyn at ddrws cefn tŷ mam John.

Roedd y drws wedi cau. Edrychodd o gwmpas yr ardd. Na, doedd neb yn y fan honno. Mae'n siŵr ei bod hi'n glanhau'r dodrefn, meddyliodd yr hen Jones, gan gnocio'n foesgar ar y drws ddwy waith. Dim ateb. Dyma fo'n cnocio'n galetach yr ail dro, a hynny dair gwaith.

"Mae hi'n siŵr o 'nghlywed i'r tro yma," meddai'r hen Jones wrtho'i hun. "Tydi mam John byth yn fy ngwrthod i chwaith."

"Wel, ti sydd yna eto'r bore yma? Does gen i ddim amser i sgwrsio llawer hefo ti," ebe mam John wedi iddi agor y drws yn sydyn. "Mae gen i bobl ddieithr yn dod yn y munud. Ond dyma ti ddarn o deisen."

Cymerodd yr hen Jones y tamaid blasus o'i llaw. Piti na fyddai ganddi fwy o amser i siarad hefyd, meddyliodd, gan ei fod yn mwynhau gwrando arni'n sgwrsio hefo fo neu hefo mam Wil dros glawdd yr ardd. Ond doedd o ddim am fod yn niwsans i neb, felly aeth trwy'r llidiart bach ac at ddrws cefn rhif 3, Penlan.

"Peth rhyfedd bod y dillad yma ar y gwair," meddai wrtho'i hun.

Ceisiodd ei orau i beidio â cherdded drostynt, ond roedd yn anodd osgoi'r crys gwyn a'r sanau melyn wrth ei draed.

"Dos i ffwrdd, yr hen ffŵl gwirion. Wyt ti ddim yn gweld fod fy lein i wedi torri, a'r dillad wedi syrthio ar y pridd a'r gwair? A dyma tithau'n eu sathru hefo dy hen draed budron!"

Gwelodd yr hen Jones y wraig yn rhuthro amdano gyda brws llawr. Aeth i ffwrdd cyn gynted ag y gallai.

"Dyna beth ydi tymer ddrwg," meddai'n dawel wrtho'i hun gan benderfynu mynd yn ei ôl at lan yr afon, a chysgu tipyn yn yr haul. "Fe ddaw'r plant ata i i chwarae cyn bo hir iawn."

Dechreuodd groesi'r ffordd o flaen y rhes tai. Yna'n sydyn clywodd sŵn brêc. Roedd yn sgrechian yn ei ymyl. Gwelodd y lorri lo yn dod amdano'n gyflym. Ni fu'n ddigon gofalus i edrych i'r dde a'r chwith cyn croesi'r ffordd y tro hwn. Cafodd ei daflu i'r ochr wrth i'r modur ruthro heibio.

"O, Jones bach, wyt ti wedi brifo?" gofynnodd y gyrrwr yn bryderus wedi iddo stopio ei lorri a rhedeg yn ôl ato. "Rhaid i ti fod yn fwy gofalus neu byddi di'n siŵr o gael dy ladd un o'r dyddiau nesaf yma."

Ar ôl deall nad oedd ei gyfaill yn ddim gwaeth, dim ond wedi dychryn dipyn, aeth y gyrrwr yn ei ôl i'w lorri ac i ddanfon glo i bobl Abersoch. Erbyn hyn roedd Beti Wyn wedi cyrraedd at yr hen Jones. Roedd hi'n rhy ifanc i fynd i'r ysgol eto. Gwelodd beth oedd wedi digwydd wrth edrych allan trwy ffenest yn ei chartre ym Mhenlan. Roedd hithau hefyd yn hoff iawn o'r hen Jones, ac oherwydd y ddamwain, rhoddodd fwy o fwythau nag arfer iddo'r bore hwnnw. Rhedodd yn ei hôl i'r tŷ i ddweud yr hanes wrth ei mam.

"Aros di am eiliad," ebe ei mam wrthi, "ac fe awn ni'n dwy i'w ddanfon yn ôl at lan yr afon. Mae o wedi cael tipyn o fraw. Ond fe fydd yn iawn wedi cael lle tawel heb draffig yn y fan honno, rwy'n siŵr."

Doedd gan yr hen Jones fawr o awydd y bwyd ddaru Beti Wyn a'i mam gynnig iddo. Wedi sicrhau ei fod yn gysurus yn y gwair ger yr afon, daeth y ddwy yn eu holau i baratoi cinio. Gan fod yr eneth fach yn poeni, holai ei mam bob munud:

"Oes gan yr hen Jones dad a mam, neu frawd a chwaer?"

"Wn i ddim, wsti."

"Peth rhyfedd na fuasai rhai o'i ffrindiau yn byw hefo fo."

"Hwyrach ei fod yn hoffi bod ar ei ben ei hun."

"Ga i fynd i chwarae hefo fo gyda'r plant eraill ar ôl te?"

"Gwell i ti beidio. Rwyt ti braidd yn ifanc. Fe allet syrthio i'r dŵr."

Ar ôl addo y byddai'n mynd am dro gyda Beti Wyn i'w weld eto yn ystod y pnawn, cafodd y wraig ifanc lonydd i orffen paratoi cinio. Cysgu roedd eu ffrind pan aethon nhw at y dŵr yr ail waith. A phan redodd Wil a John a'r plant mawr eraill ato ar ôl dod o'r ysgol, doedd o ddim mor sionc ag arfer.

"Does ryfedd yn y byd, ac yntau wedi dychryn cymaint hefo'r lorri lo," meddai Wil.

"Fe adawn ni lonydd iddo fo heddiw. Dowch i ni fynd i chwarae i rywle arall. Fe fydd yn siŵr o ddod am dro hefo ni ar hyd glan yr afon ar ôl te fory," ebe John.

Doedd dim golwg o'r hen Jones yn unlle y bore wedyn. Roedd y gwragedd ym Mhenlan yn methu â deall ble'r oedd.

"Yn tydi hi'n rhyfedd hebddo?" gofynnodd mam Wil.

"Dywedodd y bechgyn a'r genod ei fod yn iawn neithiwr," atebodd mam John. "Wel, yn o lew felly."

"Piti i mi redeg ar ei ôl hefo brws llawr," meddai gwraig rhif 3.

"Twt, roedd o'n beth naturiol i'w wneud," ebe'r lleill wrthi.

Gweithiodd y mamau'n dawel drwy'r dydd, heb fawr o awydd sgwrsio â'i gilydd. Âi Beti Wyn at y ffenest yn yr ystafell ffrynt bob hyn a hyn, ac at y drws cefn. Ond doedd dim sôn am yr hen Jones. Eisteddai'r eneth fach yn drist wedyn, gan sugno'i bawd wrth boeni amdano. A doedd gan y plant eraill fawr o awydd bwyd pan ddaethon nhw adre o'r ysgol a chlywed y newydd digalon.

"Mae'n rhaid i ni fynd i chwilio amdano," meddai Wil.

"Ond hwyrach ei fod o wedi penderfynu mynd i fyw i ardal arall," ebe'i dad wrtho. "Efallai ei fod wedi digio am iddo gael ei daro gan y lorri lo."

"Fe awn ni i geisio dod o hyd iddo beth bynnag," meddai John yn benderfynol wrth ei rieni.

Roedd pawb yn cytuno. Aeth y rhan fwyaf o blant a phobl Abersoch allan i geisio cael gafael ar yr hen Jones, ac wedi chwilio a chwilio, a hithau'n mynd yn hwyr, fe ddaethon nhw o hyd iddo o'r diwedd. Roedd yn gorwedd yn llipa, fel llong hwyliau degan wedi torri, heb fod ymhell o'r afon. Aeth Wil ar ei liniau a'i anwesu. Rhoddodd John ei freichiau amdano hefyd. Roedd Beti Wyn wedi mynnu dod gyda'i mam, ac ar ôl cusanu ei wddw, dyma hi'n dweud, "Mae o'n edrych yn sâl."

Ni chododd ei ffrind ei ben i edrych arni.

"Dydi o ddim eisiau'r bwyd ddois i hefo fi iddo," sylwodd Wil yn ddigalon.

"Gawn ni fynd â fo adre hefo ni?" holodd John i'w dad.

Awgrym ei dad oedd eu bod yn gadael iddo, gan y gallai ei symud wneud niwed iddo.

"Os na fydd yn well fory, fe fydd yn rhaid gwneud rhywbeth," meddai John yn bendant.

Aeth pawb adre'n dawel. Roedd yn anodd i'r plant roi eu meddwl ar waith yn yr ysgol fore trannoeth, ac roedd yr athrawon yn deall pam. Yn ystod amser chwarae'r pnawn, roedd y plant wedi dod i benderfyniad.

"Rhaid cael y milfeddyg o Bwllheli ato os na fydd yn well."

Roedd pawb o'r un farn. Gan mai dal i orwedd yr oedd

pan aethon nhw draw ato'r pnawn hwnnw ar ôl eu gwersi, fe alwodd rhieni un o'r plant y milfeddyg ar y ffôn.

"Dydi o ddim wedi molchi na dim," sylwodd Wil wrth i'r gŵr archwilio yr hen Jones.

"Ac mae ei ddillad mor fudr. Maen nhw'n arfer bod mor lân," sibrydodd John.

Gwasgodd Beti Wyn law ei brawd mawr wrth weld y dyn caredig yn rhoi rhywbeth o dan dafod yr hen Jones.

"Oes, mae ganddo wres uchel. Mae'n wael iawn," meddai'r milfeddyg wrth syllu ar y thermomedr. "Fe a' i â fo adre yn y car, ac mi wna i fy ngorau iddo."

"Fydd o'n gwella?" holodd un o'r plant.

"Mae'n anodd dweud," atebodd y gŵr. "Ond mae'n rhaid i ni fynd â fo at lyn bach tawel yn rhywle rwy'n credu. Efallai y byddai hynny'n help."

"Mae yna lynnoedd bach yn Butlins. Buasai'n cael llonydd yn un o'r rheini," meddai Wil.

Dechreuodd un o'r plant chwerthin yn ddifeddwl.

"Dwyt ti ddim i fod i wneud sbort a'r hen Jones mor sâl," meddai John, gan godi ei ddwrn at drwyn y plentyn fu'n chwerthin.

"Ond mae Butlins yn lle mor swnllyd. Mae'n llawn o bobl yn gweiddi ac yn cael hwyl wrth aros yn y gwersyll gwyliau," atebodd y bachgen druan. "Fydd yna fawr o lonydd i'r hen Jones yn y fan honno!"

"Does yna ddim llawer o bobl yn aros yno'r adeg yma o'r flwyddyn," meddai'r milfeddyg. "Mae syniad Wil yn un da gan fod digon o lynnoedd bach tawel yma ac acw o gwmpas y gwersyll."

Ymhen ychydig ddyddiau, gan nad oedd eu ffrind yn gwella dim, dyma fynd â'r hen Jones i Butlins. Cafodd groeso cynnes yno. Gan fod y gwersyll yn ymyl eu cartrefi, roedd plant Abersoch yn cael galw i'w weld mor aml ag yr oedden nhw'n dymuno.

"Lle hapus ydi Butlins i fod, yntê?" holodd Wil yn drist un diwrnod wrth weld ffrind y plant yn gorwedd yng nghysgod y coed ar lan un o'r llynnoedd ar dir y gwersyll.

Edrychai mor unig â swp o eira budr cyn i'r glaw ei olchi i ffwrdd. Roedd yn amlwg i bawb nad oedd gwella i fod. Ac un nos Sadwrn ym mis Mai 1951, bu farw'r hen Jones.

"Fe wnaethoch chi eich gorau drosto," ebe'r milfeddyg yn garedig wrth y plant.

"A chwithau hefyd," atebodd Wil.

"Fe fydd yna le gwag ym Mhenlan hebddo," meddai ei fam.

"Ac wrth yr afon fach hefyd," ebe John.

Ni ddywedodd Beti Wyn ddim byd. Gwasgodd law ei mam yn dynnach a sugno ei bawd wrth feddwl na châi hi byth eto weld yr alarch hoffus.

Beti

"Rwyt ti'n gnawes ddrwg. Dwyt ti ddim yn meddwl am ddim ond chwarae a dawnsio drwy'r dydd."

"Mi rwyt tithau'n gas wrtha i bob munud, ac yn gwneud i mi olchi rhyw hen ddillad o hyd."

"Fi ydi dy chwaer hyna di, a gan fod Mam wedi marw, fi sy'n gorfod gofalu am y tŷ. Rwyt ti'n wyth oed, ac mae'n hen bryd i ti helpu mwy arna i i ofalu am dy frodyr a chwiorydd bach."

Daeth eu tad, Dafydd Cadwaladr, i'r tŷ. Enw eu cartref oedd Pen-y-rhiw, Y Bala.

"Wel, wel," meddai. "Peth trist ydi gweld dwy chwaer yn ffraeo."

"Hi sy'n greulon wrtha i drwy'r amser," ebe Beti gan ddechrau crio.

"Hy, yr hen fabi!" gwaeddodd ei chwaer gan frysio i baratoi cinio i'w thad.

Rhoddodd yntau ei fraich am ysgwydd Beti. Ond dal i wylo wnaeth yr eneth.

"Mi rydw i am fynd i rywle arall i fyw."

"Bobol bach, a minnau'n meddwl ein bod ni'n dau'n ffrindiau," atebodd Dafydd Cadwaladr.

"O, Dad, rwy'n eich caru chi'n fawr, a 'mrodyr a chwiorydd eraill. Rydych chi'n gweithio'n galed ar y fferm ac yn cerdded milltiroedd lawer ar y Sul i bregethu. Ac mi rydw i wrth fy modd yn edrych arnoch chi'n eistedd

yng nghysgod y simdde fawr min nos, a ninnau'n chwarae. Wn i ddim sut ydech chi'n gallu gwau sanau a gwneud pregeth yr un pryd, a ninnau'n gwneud cymaint o sŵn! Ond mae fy chwaer hyna yn pigo arna i o hyd. Felly mi rydw i'n mynd."

"Ond chwarae teg iddi hithau hefyd," atebodd ei thad. "Mae hi'n ceisio cael eich dillad chi'r plant i gyd yn lân ac yn daclus cyn dydd Sul nesaf. Mae Thomas Charles yn mynd i roi Beibl i bob un ohonoch chi yn yr ysgol Sul. Rwy'n gwybod dy fod yn hoffi dawnsio, ond fe ddylet helpu mwy arni."

"O, Dad, pan glywa i fiwsig, fedra i ddim peidio dawnsio. Fe fydd rhywbeth yn goglais fy nhraed i. Fedra i ddim eu cadw nhw'n llonydd."

Chwarddodd Dafydd Cadwaladr. Sychodd Beti ei dagrau ac aeth i helpu ei chwaer yn y gegin gefn er mwyn plesio'i thad. Syllodd y gŵr trwy'r ffenest. Roedd rhywbeth yn dweud wrtho y byddai Beti'n gwneud rhywbeth gwahanol i'w blant eraill ar ôl iddi dyfu.

"Fe hoffwn i ddod i fyw atoch chi, Mrs Lloyd."

Roedd blwyddyn wedi mynd heibio. Safai Beti wrth ddrws Plas-yn-dre, Y Bala, yn siarad hefo'r wraig garedig.

"Mi rydw i wedi clywed nad wyt ti'n hoff o dy chwaer hynaf. Ond bydd yn rhaid i mi gael gair hefo dy dad ym Mhen-y-rhiw i ddechrau."

Er mor drist oedd Dafydd Cadwaladr o weld Beti yn gadael ei chartref, gwyddai y byddai'r wraig ffeind ac unig yn mwynhau ei chwmni. Roedd telyn ganddi, a chafodd Beti bum mlynedd ddifyr yn cael ei dysgu i wneud pob math o bethau ym Mhlas-yn-dre. Daeth yn eneth ardderchog am wnïo a choginio, ac am bobi, golchi a smwddio. Dysgodd ddarllen ac ysgrifennu Cymraeg a

Saesneg hefyd, yn ogystal â chanu'r delyn. A daliai i ddawnsio pan nad oedd yn rhy brysur. Ond pan oedd yn bedair ar ddeg oed, cododd o'i gwely'n sydyn un noson.

"Dydw i ddim eisiau digio Mrs Lloyd," meddai wrthi ei hun. "Ond fe hoffwn i grwydro i weld gwledydd eraill. Mae'n siŵr y bydd pobl y Bala yn fy ngweld yn hen eneth ffôl, hefyd. Ac fe fydd fy chwaer hyna yn fwy sbeitlyd na neb yn sôn amdana i ar ôl i mi fynd. Ond wrth ddarllen y Beibl a gefais i gan Thomas Charles, mae rhywbeth yn dweud wrtha i fod Duw am i mi symud o'r Bala."

Agorodd ffenest ei llofft yn ofalus. Rhoddodd yr ychydig ddillad oedd ganddi mewn pecyn, a'u lluchio allan. Yna dringodd hithau drwy'r ffenest a neidio i'r llawr. Rhedodd drwy'r tywyllwch. Nid oedd yn ofnus o gwbl. Credai'n sicr ei bod yn gwneud y peth iawn.

"Fe hoffwn i eich cael yn forwyn ar fy llong."

Roedd rhai blynyddoedd wedi mynd heibio erbyn hyn, a Beti wedi tyfu'n ferch ifanc. Dyn o'r enw Capten Freeman oedd yn siarad hefo hi ar y pryd, mewn porthladd prysur.

"Rydw i wedi clywed llawer o ganmol i chi gan bobl o Gaer, Lerpwl a Llundain. Rydych wedi bod yn forwyn ardderchog yno, a phawb yn sôn mor wych ydych am wneud bwyd ac am olchi a smwddio dillad."

"Mae pobl wedi bod yn garedig iawn yn rhoi gwaith i mi," atebodd Beti. "Ac mi fuaswn yn fodlon iawn hwylio hefo chi i wahanol wledydd."

"Gofalu am fy ngwraig a'r plant fydd yn cymryd y rhan fwyaf o'ch amser," meddai Capten Freeman.

Roedd y gŵr wrth ei fodd fod Elizabeth Davis — neu Beti Cadwaladr fel yr oedd y rhan fwyaf yn ei hadnabod — wedi cytuno. Gwelodd ar unwaith fod ei deulu yn hoff iawn ohoni, ac eto roedd rhywbeth yn wahanol ynddi i ferched eraill. Pam nad oedd hithau wedi priodi a chael plant, tybed? Byddai'n gwneud gwraig benigamp i rywun. A pham roedd angen iddi symud o le i le mor aml? Pam roedd hi'n darllen ei Beibl bob dydd pan gâi gyfle i orffwys o'i gwaith? Roedd yn siŵr ei bod yn mynd i wneud rhywbeth pwysig a gwerthfawr yn ei bywyd. Ond beth, tybed? Gwibiai'r holl gwestiynau hyn trwy ei feddwl tra oedd o'n paratoi at y fordaith nesaf, gyda Beti ar fwrdd y llong.

"Ond does gan forwyn ddim hawl i fynd i weld brenin Ffrainc!"

Erbyn hyn roedd Beti Cadwaladr wedi bod mewn llawer gwlad gyda Chapten Freeman a'i deulu, a chyda chapteiniaid llongau eraill. Cafodd flynyddoedd hapus a llawn antur yn crwydro'r moroedd ac yn cyfarfod â phobl ddiddorol, ac er nad oedd yn un ddigywilydd, mynnai gael sgwrs â rhai o arweinwyr y gwledydd — gwyddai dipyn o eiriau gwahanol ieithoedd erbyn hynny. Bu'n gwneud hyn yn America, India, Awstralia a llawer gwlad arall. Ac er i filwyr geisio ei rhwystro, cafodd sgwrs ddifyr â brenin Ffrainc. Dro arall mynnodd fynd i weld gŵr enwog o'r enw Napoleon a oedd yn garcharor ar y pryd ar ynys Sant Helena. Doedd hwnnw erioed wedi cyfarfod merch mor benderfynol.

"Fe allech chi fynd i'r carchar am hyn. Does gan neb hawl i fynd yn agos at Ymerawdwr China heb ganiatâd!"

Bu bron iddi fynd i helynt y tro hwnnw. Er nad oedd yn deall yr iaith, roedd wedi penderfynu mynd i weld Ymerawdwr China er i lawer o bobl eraill fethu. Synnai pawb iddi lwyddo, er iddi gael ei hel o'r palas yn bur gyflym wedyn! Roedd wrth ei bodd yn gwneud pethau cyffrous a gwahanol fel hyn, yn ogystal â gwneud ei gwaith fel morwyn brysur ar wahanol longau. Roedd yn siriol bob amser ac yn boblogaidd.

Yna un diwrnod aeth Beti ar ei phen ei lun i le o'r enw Waterloo. Bu brwydro ffyrnig yno bum niwrnod ynghynt, ac eisteddodd ar garreg i feddwl ac i ddychmygu sut le oedd hwn pan oedd milwyr o Ffrainc a Phrydain yn ymladd.

"Peth ofnadwy ydi rhyfel," meddai wrthi ei hun. "Dyma fi wedi bod yn crwydro'r byd am flynyddoedd lawer gan fwynhau fy hun, heb feddwl o gwbl am fechgyn wedi brifo'n ofnadwy mewn rhyfel neu'n wael mewn ysbyty. Fe ddylwn fod yn helpu rhai fel nhw."

A phenderfynodd, yn y fan a'r lle, fynd yn nyrs.

"Gresyn na fyddwn i wedi meddwl am hyn pan oeddwn i'n ifanc," meddyliodd wedyn. "Rydw i'n ddigon hen i fod yn fam i rai sy'n dysgu bod yn nyrs, erbyn hyn. Er hynny, rwy'n siŵr mai dyma'r gwaith y mae Duw am i mi ei wneud. Dydw i ddim yn wybodus, a go brin y galla i basio arholiadau, ond rwy'n sicr y bydd yr holl goginio a golchi a smwddio dillad yr ydw i wedi ei wneud ar hyd yr amser yn help i filwyr sy'n sâl neu wedi brifo. Mae'n rhyfel yn rhywle o hyd."

Brysiodd yn ei hôl i Brydain. Bu am ychydig fisoedd yn cael ei dysgu yn Ysbyty Guy yn Llundain, ond nid oedd ganddi'r amynedd na'r amser i aros yno am rai blynyddoedd i orffen ei chwrs fel nyrs. Yn y flwyddyn 1854 aeth i fan o'r enw Crimea, lle'r oedd brwydro ffyrnig. Roedd yn gobeithio cael helpu merch enwog yno o'r enw Florence Nightingale.

"Rydych yn un dda am olchi a smwddio. Mae'r dillad gwlâu yma'n ardderchog o wyn," meddai ffrind newydd wrthi ar ôl i Beti fod mewn lle o'r enw Santori am rai wythnosau.

"Ond rydw i eisiau mynd i weithio mewn ysbyty yn ymyl lle mae'r milwyr yn ymladd," atebodd merch Dafydd Cadwaladr. "Rydw i wedi blino aros ac yn dechrau colli fy 'mynedd."

Penderfynodd fynd i weld Florence Nightingale. Ond chafodd hi fawr o groeso.

"Twt, be wyddoch chi am nyrsio?" meddai wrth Beti'n sarrug. "Chlywais i erioed sôn amdanoch mewn unrhyw ysbyty. Dim ond morwyn sy wedi arfer coginio a golchi dillad ydych chi, yntê? A ddaru chi ddim aros i lwyddo yn eich arholiadau fel nyrs yn Llundain, yn naddo? Tydech chi ddim yn ifanc, chwaith!"

"Rwy'n credu bod angen rhywun fel fi i helpu i ofalu am y milwyr sydd wedi brifo," atebodd Beti yn benderfynol.

Bu'n ffrae chwerw rhwng y ddwy, fel ceiliogod yn brwydro yn erbyn ei gilydd. Cofiodd yr eneth o Gymru am ei chwaer hynaf erstalwm yn ei dwrdio yn y Bala. Doedd hi ddim am i'r Saesnes hon fod yn feistres arni hi fel y bu ei chwaer ym Mhen-y-rhiw. Roedd mor styfnig â'r nyrs bwysig a safai'n syth o'i blaen. Ac o'r diwedd fe gafodd ei ffordd. Brysiodd wedyn i ddal llong am Balaclava lle'r oedd ysbyty'n llawn o filwyr a gafodd eu clwyfo yn rhyfel y Crimea.

"Mae'n hen bryd cael rhywun fel chi yma," meddai un llawfeddyg wrthi. "Ond peidiwch â disgwyl i bobl ddiolch i chi a gwneud ffws. Mae pawb ohonom mor brysur, does fawr ddim amser gan neb i siarad."

Edrychodd Beti o'i chwmpas. Ym mhle'r oedd hi i fod i ddechrau? Doedd yno neb â phrofiad nac amser i ddweud wrthi. Brysiai'r nyrsys ifanc o un milwr i'r llall gan drin eu clwyfau a cheisio stopio'r gwaedu. Roedd dros bedwar cant o lanciau a dynion yn gorwedd ar y llawr caled.

Doedd dim gwlâu na dillad gwlâu gan neb! Clywodd rai'n sgrechian mewn poen wrth i fwledi gael eu tynnu o'u cyrff — doedd fawr ddim cyffuriau i ladd poen wedi eu darganfod yr adeg honno. Gwasgai rhai eraill eu dannedd yn dynn, gan ddiodde'n ddistaw wrth i'r meddygon wneud eu gorau i geisio achub eu breichiau neu eu coesau. Torchodd Beti ei llewys. Aeth i nôl sebon, dŵr cynnes a llieiniau.

"Does neb wedi gorfod fy molchi ers pan oeddwn i'n fabi!"

Gwenodd Beti ar y bachgen ifanc dewr wrth olchi'r gwaed a'r llaid o'i wyneb a'i gorff. Roedd bidog wedi rhwygo ei fraich dde. Doedd o ddim wedi cael dillad glân na chyfle i molchi ers chwe wythnos. Gorweddai'n llwyd a sychedig gan ddisgwyl ei dro i gael ei gario at y llawfeddyg. Dim ond un flanced denau oedd drosto, a hithau'n aeaf dychrynllyd o oer. Cofiodd Beti am yr holl ddillad roedd hi wedi eu trwsio, golchi a smwddio yn Santori.

"Pam nad yden nhw yma, yn cadw'r llanc hwn a'r gweddill yn gynnes?" gofynnodd iddi ei hun wrth roi côt fawr dyllog y milwr yn fwy cyfforddus o dan ei ben. "Fe ofala i fory y bydd yn cael gobennydd a rhyw fath o wely pren hefyd!"

Gwelodd un o ddrysau'r ysbyty dros dro'n agor, a mwy o lanciau yn cael eu cludo i mewn ar stretsiers. Rhedodd Beti i ddweud gair neu ddau caredig wrthyn nhw cyn rhuthro i gau'r drws. Bu'n rhaid iddi wthio'n galed yn erbyn y storm o eira a ruai y tu allan.

"O, fe hoffwn i roi pryd o fwyd cynnes a blasus iddyn nhw i gyd," meddai wrth un o'r nyrsys prysur. "Ac mae golwg eisiau bwyd arnoch chwithau hefyd."

"Hwyrach y cawn ni gyfle i lyncu rhywbeth ar frys yn

nes ymlaen," atebodd honno'n siriol, "ond y peth pwysicaf ar hyn o bryd yw i ni'r merched baratoi'r holl hogiau ifanc yma ar gyfer cael triniaeth gan y meddygon."

Bu Beti wrthi'n egnïol o wyth o'r gloch y bore tan hanner nos y diwrnod cyntaf hwnnw. Ni allai wneud fawr mwy na molchi'r bechgyn a glanhau eu doluriau ar ôl rhoi diferyn o ddŵr a darn o fisged i bob un. Penderfynodd godi'n fore iawn drannoeth er mwyn dechrau cael gwell trefn ar bethau. Er mai gwely pren caled oedd ganddi i gysgu arno, ac er nad oedd cadeiriau na bwrdd yn yr ystafell, fe gysgodd yn drwm gan ei bod wedi blino'n llwyr. Roedd pum nyrs arall wedi eu gwasgu at ei gilydd i gysgu yn yr un fan, ac roedd y to yn gollwng dŵr! Oedd, roedd angen newid llawer o bethau.

"Dyma ddechrau, beth bynnag," meddai wrthi ei hun am bump o'r gloch y bore wedyn.

Roedd wedi agor drysau'r cypyrddau mawr yn y storfa. Cludodd ddillad gwlâu oddi yno yn barod i'w rhoi i'r milwyr. Edrychai'r milwyr oedd yn gorwedd yn eu poen yn syn arni. Rhoddodd Beti wrthban dew o dan bob un, a dau neu dri drostyn nhw. Sibrydodd wrth y rhai nad oedd wedi brifo'n ddrwg ei bod hi am iddyn nhw ei helpu i wneud gwlâu pren syml ar gyfer y cleifion cyn bo hir. Yn ôl â hi at y cypyrddau wedyn i nôl gobenyddion glân i roi dan eu pennau. Doedd neb wedi meiddio gwneud hyn o'r blaen, a dywedodd un milwr wrthi y byddai'n cael andros o ffrae am wneud. Ac roedd yn dweud y gwir.

"Pwy roddodd ganiatâd i ryw forwyn o Gymru fel chi i wneud y fath beth?"

Florence Nightingale oedd yn siarad. Daeth i'r ysbyty yn Balaclava ychydig ddyddiau wedi i Beti gyrraedd.

"Ond roedd y milwyr heb ddillad glân na dillad gwlâu. Na gwlâu, chwaith! A digon o ddillad yn y cypyrddau anferth yna, a mwy eto i ddod. Fi olchodd a smwddiodd lawer ohonyn nhw pan oeddwn i yn Santori," atebodd Beti Cadwaladr.

"Peidiwch chi â meiddio gwneud dim o'r fath beth eto heb i mi gael gwybod yn gyntaf," ebe pennaeth pwysig y nyrsys, gan gerdded fel gŵydd wedi gwylltio i gwyno wrth brif feddyg yr ysbyty.

Ond rhoddodd hwnnw winc ar Beti ar ôl i Florence Nightingale adael. Gwyddai'r ferch o'r Bala, felly, fod hwnnw'n cytuno â'r holl newid a wnaeth hi, ac yn ara deg fe wellodd pethau. Er bod yr ymladd yn parhau'n ffyrnig, a chymaint o waith ag erioed gan bob nyrs, doctor a llawfeddyg, roedden nhw i gyd yn gwybod bod eu tasgau'n haws am fod Beti'n gwneud ei rhan hi mor dawel a ffyddlon. Gwnâi ei gorau bob dydd, o bump y bore tan hanner nos. Ond doedd hi byth yn mynd i gysgu heb ddarllen ychydig o adnodau o'i Beibl Cymraeg.

Cyn hir roedd digon o ddillad glân ar gyfer y milwyr druan, a digon o fwyd iddyn nhw yn ogystal. Beti a ofalai am y gegin hefyd, dros dro beth bynnag. Dysgodd ferched ifainc oedd wedi ei dilyn hi yno sut i goginio, yn ogystal â golchi dillad y milwyr a'r dillad gwlâu.

"Does neb wedi fy mwydo i fel hyn ers pan oeddwn i'n faban!"

Gwenodd Beti wrth roi bwyd i'r milwr ifanc. Cofiodd am lanc arall yn dweud rhywbeth tebyg! Er ei bod yn rhewi'n galed, roedd digon o ddillad amdano, a digon o flancedi drosto, ac roedd gwell lliw ar ei fochau wedi iddo sipian y cawl chwilboeth a wnaethai'r ddynes o Gymru iddo. Roedd y Sais yma wedi colli llawer o'i fysedd wrth i belen dân ffrwydro yn ei ymyl.

"Cewch fynd adre cyn bo hir," meddai Beti wrtho ar ôl i'r llanc ddiolch iddi wedi iddo gael digon o fwyd.

"Ond cha i neb gwell na chi i ofalu amdanaf," atebodd y milwr. "Mae'r bechgyn fu'n ymladd i gyd yn sôn amdanoch. Rydych yn dod yn enwog. Ac mae ambell un yn dweud bod Florence Nightingale ychydig bach yn eiddigeddus ohonoch gan eich bod mor ofalus ohonon ni!"

"Twt, peidiwch â siarad lol," chwarddodd Beti. "Florence Nightingale ydi'r nyrs enwocaf yn y byd. Mae'n wir nad yden ni'n cytuno bob amser, ond does neb tebyg iddi."

Ond drannoeth fe fu'n rhaid iddi fynd o flaen Florence Nightingale unwaith yn rhagor. Roedd wythnosau wedi mynd heibio er i'r nyrs fyd-enwog fod yn Balaclava, gan ei bod yn brysur mewn ysbytai eraill. Cafodd sioc pan welodd y fath newid a wnaeth Beti Cadwaladr.

"Does ond un peth i'w wneud hefo chi. Bydd yn rhaid i chi bacio eich pethau a mynd yn ôl i Brydain. Welais i erioed neb mor anufudd â chi yn fy mywyd. Rydych wedi meiddio fy herio i — fi, Florence Nightingale!"

"Ydi, mae hi'n swnio'n union yr un fath â'm chwaer hyna eto, hanner canrif yn ôl," meddai Beti wrthi ei hun tra oedd geiriau'r nyrs yn cael eu lluchio tuag ati fel cesair yn taro yn erbyn to'r ysbyty.

Roedd ar fin ei hateb yn dawel a phwyllog pan ddaeth y prif feddyg atyn nhw. Deallodd hwnnw ar unwaith ei bod yn storm rhwng y ddwy unwaith eto.

"Fe fu swyddog pwysicaf byddin Prydain yma ddoe, " meddai wrth Florence Nightingale, "ac fe ddywedodd nad oedd o erioed wedi gweld cymaint o newid er lles mewn unrhyw ysbyty. Rhoddodd orchymyn hefyd mai Beti Cadwaladr oedd i fod yn bennaeth ar y golchi a'r smwddio ac i ofalu am y bwyd yn y gegin bob amser o hyn ymlaen. Fedrwch chi mo'i gyrru hi oddi yma felly."

Daliai llygaid Florence Nightingale i fflachio fel mellt wrth iddi adael yr ysbyty. Ond doedd dim y gallai hi ei wneud. Winciodd y prif feddyg ar Beti, gan wenu fel o'r blaen. Ac aeth y ddau'n ôl at eu gwaith.

"Mae'n ddrwg gen i eich deffro, ond fedrwch chi ddod i helpu?"

Dyn yn cludo stretsier oedd yn siarad.

"Rwy'n gwybod ei bod hi'n bwrw eira a'ch bod wedi blino, ond ryden ni'n brysur yn cario milwyr sy wedi eu clwyfo i mewn i'r ysbyty. Mae yna lawer ohonyn nhw'n gorwedd yn yr eira. Ofni'r ydw i y byddan nhw'n marw cyn i ni allu eu cario i gyd i'r ysbyty os na ddaw rhywun â dillad cynnes a bwyd iddyn nhw tra bônt yn disgwyl. Fe ddaeth y nos yn sydyn iawn heno. Tybed fedrwch chi ofyn i un neu ddwy o'r genethod sy'n eich helpu i ddod hefo ni?"

"Mi ddof fy hunan. Mae pob un o'r merched eraill wedi cael diwrnod tu hwnt o brysur. Fy lle i ydi dod."

"Ond maen nhw'n llawer ieuengach na chi, a . . . "

"Dewch, does dim amser i'w golli."

Allan â Beti i'r tywyllwch gyda bwndeli o ddillad cynnes, bwyd a fflasgiau o ddiod. Helpodd y cludwyr stretsier hi i'w cario dros y tir anwastad a rhewllyd.

Er iddi hithau fod ar ei thraed o bump y bore tan hanner nos, fel arfer, brysiai fel geneth ifanc tuag at y bechgyn a orweddai'n griddfan yn ymyl llwyn o goed.

"Mae Beti Cadwaladr am aros yma nes down ni i'ch nôl," meddai un o'r cludwyr stretsier wrth y milwyr yma. "Byddwn yn mynd â chi i'r ysbyty cyn gynted ag y medrwn."

Wedi rhwymo defnydd glân yn dynn am glwyfau dychrynllyd yr hogiau i geisio atal y gwaedu, dechreuodd y cludwyr eu cario'n ofalus bob yn un. Roedd yn hawdd llithro ar y rhew ac i'r milwyr druain gwympo o'r stretsiers. Chwythai'r gwynt milain y cenllysg a'r eira fel bwledi'r gelyn i wyneb llawer pâr o'r cludwyr. Ond doedd neb yn cwyno gan eu bod yn teimlo'n hapusach wedi i Beti ddod i'w cynorthwyo.

Symudodd y nyrs ddewr o un milwr clwyfedig i'r llall fel cysgod. Rhoddodd flancedi cynnes drostyn nhw a'u helpu i fwyta. Ond yr hyn a blesiai'r bechgyn yn fwy na dim oedd ei bod yn barod i aros hefo nhw am sgwrs, fel pe bydden nhw'n eistedd wrth danllwyth mawr o dân mewn tŷ cyfforddus. Doedd hi byth yn gweiddi, dim ond yn gwenu ac yn siarad yn dawel hefo pob un. Tynnai ei llaw yn dyner tros dalcen ambell filwr ifanc oedd yn dioddef poen mawr, a theimlai'r llanciau'n llawer gwell wrth iddi eu holi am eu teulu oedd a'u cartrefi, neu dynnu eu coes wrth sôn yn siriol am eu cariadon.

Er i'r dasg o fynd â'r holl filwyr i'r ysbyty yn y tywyllwch gymryd amser hir, daeth tro'r un olaf i gael ei symud yno o'r diwedd. Gafaelodd hwnnw'n sownd yn llaw Beti wrth i ddau o'r cludwyr blygu drosto i'w roi ar eu stretsier.

"Diolch yn fawr i chi am ein helpu, Mam," meddai'n dawel.

Hwyrach y byddai rhywun dieithr yn meddwl ei fod yn drysu wrth alw 'Mam' arni fel yna. Efallai y bydden nhw'n credu bod y tywydd oer, a'r ffaith ei fod wedi brifo cymaint, wedi gwneud iddo ddychmygu mai yn ei gartre yr oedd. Ond dyna'r enw roedd y milwyr i gyd yn ei ddefnyddio wrth siarad amdani neu wrth gael sgwrs hefo hi. Roedd ganddyn nhw feddwl y byd o Florence Nightingale fel nyrs hefyd. "Boneddiges y Lamp" oedd eu henw nhw arni hi. Ond roedd gan y milwyr a glwyfwyd yn rhyfel y Crimea enw anwylach ar Beti. A 'Mam' oedd hwnnw.

"Dydi Mam ddim wedi bod yn ein gweld heddiw."

Un o'r bechgyn yn yr ysbyty yn Balaclava oedd yn sgwrsio hefo'i ffrind yn y gwely nesaf ato. Roedd wythnosau o frwydro milain wedi bod, a Beti a'r nyrsys a'r merched ifainc eraill heb gysgu am sawl noson. Dechreuodd hi deimlo'n wael un diwrnod, ond ddywedodd hi ddim byd wrth neb. Daliodd i wenu wrth olchi, smwddio a choginio a gofalu am y milwyr am wythnos arall, yna bu'n rhaid iddi fynd i orwedd.

"Rydw i wedi eich rhybuddio o'r blaen," ebe'r prif feddyg yn garedig wrthi. "Rydych yn eich lladd eich hun trwy weithio'n rhy galed. Beth am fynd am fis o wyliau i le braf yn ne Ffrainc?"

"Na, dim diolch," atebodd Beti. "Rydw i'n chwe deg oed. Ac mae yna ddigon o nyrsys a merched ifainc da eraill yma erbyn hyn. Nhw fydd yn gofalu am y bechgyn o hyn allan, tra byddwch chi'n gwneud eich gorau i achub eu bywydau."

Ceisiodd pennaeth y meddygon ei pherswadio i newid ei meddwl. Doedd o ddim am golli un mor garedig a gofalus â Beti Cadwaladr, ond roedd hi mor benderfynol ag y bu erioed. Gwyddai fod gan bawb yno ddigon o waith heb orfod gofalu am glaf arall yn yr ysbyty. A doedd hi ddim am wastraffu arian neb arall er bod digon o bobl wedi cynnig talu drosti i fynd am seibiant.

"Mae'n wirioneddol ddrwg gen i na allwch aros."

Geiriau Florence Nightingale oedd y rhain. Roedd ei llais yn dawelach ac yn llawer mwy ffeind y tro hwn, a doedd yna ddim gweiddi na ffraeo. Roedd Florence Nightingale wedi gorfod newid ei meddwl erbyn hyn.

Gwyddai mai Beti Cadwaladr oedd y ferch ddewraf fu yn Rhyfel y Crimea, neu yn unrhyw ryfel arall o ran hynny.

"Rwy'n ymddiheuro, o waelod calon, am yr holl bethau annifyr a ddywedais i wrthych, Beti."

"Peidiwch â sôn," atebodd y Gymraes. "Eisiau i'r bechgyn gael y gofal gorau oedden ni'n dwy, yn ein ffordd wahanol ein hunain. Roedden ni'n dwy mor bengaled a phenderfynol â'n gilydd."

"Fe wna i drefniadau i chi ddychwelyd i Lundain, ac fe gewch chi ychydig o arian gan y llywodraeth yno, fel pensiwn. Mae'n iawn i chi gael tâl wedi eich holl wasanaeth ffyddlon," meddai Florence Nightingale.

Er hynny, roedd Beti Cadwaladr yn drist wrth ddychwelyd i Brydain. Gwyddai y byddai hiraeth arni am y milwyr ac am y nyrsys eraill. Doedd ganddi neb i ofalu amdani yn ninas Llundain, a daeth arian y llywodraeth i ben yn fuan iawn. Bu'n wael ac yn unig am amser maith.

"Dirty old witch!"

Rhai o blant digywilydd Llundain oedd yn gweiddi'n sbeitlyd wrth ei gweld yn cerdded yn araf a chloff i'w thŷ bychan tlawd un diwrnod. Ond doedd Beti Cadwaladr ddim yn teimlo'n flin tuag atyn nhw.

"Mae'n siŵr *bod* golwg fel gwrach arna i erbyn hyn," meddai mewn iaith nad oedd yr hogiau difeddwl yn ei deall.

Nid oedd ysbytai na chartrefi ar gael yr adeg honno i rai hen a gwael fel hi. Er hynny, roedd ei meddwl yn llawn o atgofion hapus. Cofiai amdani ei hun yn dawnsio ym Mhen-y-rhiw ambell dro, neu'n bwydo'r bechgyn dewr yn yr eira yn y Crimea — y rhai a edrychai arni fel mam.

"Gobeithio y daw yna amser pan na fydd neb yn mynd i ryfel," meddai'n dawel wrthi ei hun cyn mynd i gysgu un noson.

A chyn diffodd y gannwyll, darllenodd adnodau a soniai am rywbeth felly yn y Beibl a gafodd gan Thomas Charles pan oedd yn blentyn yn yr ysgol Sul yn y Bala.

Alun

"Piti 'mod i mor ara deg yn tyfu."

"Pam wyt ti'n dweud peth felly?"

"Mi hoffwn i fod yn ddigon mawr i yrru motor-beic, fel Dad."

Alun Lloyd Davies oedd yn siarad hefo'i fam, Mrs Connie Davies. Wrthi'n cael eu brecwast roedden nhw, ar eu fferm, Tŷ Du, yn y Parc ger y Bala. Pedair oed oedd Alun, ac roedd wrth ei fodd yn helpu ei dad. Roedd Iwan Davies wedi gorffen ei fwyd ac wedi mynd i roi petrol yn ei feic modur.

"Fe ga i fynd rownd y caeau hefo Dad i weld bod y gwartheg a'r defaid a'r ŵyn yn iawn, yn caf?"

"Cei, ond paid ti â chyffwrdd yn y beic, cofia. Mae o'n beth peryglus."

"Na, rwy'n addo. Mae Dad yn mynd yn ddigon araf ac rwy'n gallu rhedeg wrth ei ochr ar hyd y caeau."

Er y buasai'n well gan ei fam iddo aros o gwmpas y tŷ i chwarae hefo'i deganau, gwyddai ei fod yn fachgen call. Gwyddai hefyd y byddai Iwan ei gŵr yn gofalu amdano, fel y gwnaethai lawer tro o'r blaen.

"Fe fydda i'n dechrau yn yr ysgol cyn bo hir, a fydd gen i ddim cymaint o amser i helpu Dad ar y fferm," ebe'r bachgen bach wrth wisgo pâr o esgidiau cryf am ei draed. "Mae o wedi dweud y bydd ganddo hiraeth am ei was ar ôl i mi ddechrau yn ysgol y Parc."

Chwarddodd ei fam.

"Mi fydd digon o waith i ti ar ôl dod o'r ysgol y pryd hynny," meddai hi wrtho'n siriol. "Mi fydd yn rhaid i dy dad wneud hebot ti tan amser te bob dydd."

Gwenodd ei fam wrth weld Alun yn brysio allan i chwilio am ei dad. Doedd dim yn plesio'r bachgen yn fwy na chael crwydro'r caeau yn y bore fel hyn — a chael llond bol o ginio wedi dod yn ei ôl! Gwenu wnaeth Iwan Davies hefyd wrth ei weld yn edrych fel ffermwr o'i gorun i'w sawdl, ac yn barod i waith.

"Na, chei di ddim dod," meddai'r hogyn wrth yr oen llywaeth oedd yn mynnu ei ddilyn. "Fe roddais lefrith i ti cyn i mi gael fy mrecwast fy hun. Fe gawn ni chwarae wedi i mi ddod yn ôl. Mae Dad yn fy nisgwyl."

Roedd yn fore braf, ac i ffwrdd â'r tad a'r mab. Wedi gweld bod y defaid a'r ŵyn yn iach ac yn hapus yn y caeau ger y tŷ, aeth y ddau i gael golwg ar y gwartheg. Roedden nhw'n pori yn bur bell o'r tŷ fferm. Gwyddai Iwan Davies y gallai eu cyrraedd yn llawer cynt pe byddai ar ei ben ei hun, ond roedd yn fodlon iawn mynd yn araf deg rhag i Alun golli ei wynt wrth geisio dal i fyny ag o. Yn sicr, roedd yn rhy beryglus i'r bachgen gael ei gario. Er hynny, sbonciai'r hogyn fel un o'r ŵyn, gan wibio yn ei flaen er mwyn cyrraedd pen rhyw fryncyn o flaen ei dad. Cymerai hwnnw arno na allai guro ei fab yn y ras. Gadawodd i Alun fod y cyntaf i ben y bryn. Arhosodd y ddau i gael eu gwynt am funud ac i edrych o'u cwmpas.

"O, ryden ni'n byw mewn lle braf, Dad."

"Yden, 'ngwas i, ryden ni'n lwcus iawn."

Meddyliodd y tad am yr holl bobl oedd yn byw yn sŵn traffig mewn trefi a dinasoedd. Mor hyfryd oedd cael awyr iach a chaeau a bryniau gwyrdd o'u cwmpas a dŵr mor hardd yn Llyn Tegid y tu draw iddynt.

"Dowch, Dad, i weld a ydi'r fuwch honno roeddech chi'n sôn amdani yn ymyl dod â llo."

Chwarddodd Iwan Davies. Doedd dim amser i adael i'w feddwl grwydro. Roedd y meistr bach yn galw!

"Dacw hi yn y gwaelod yn y fan acw!" gwaeddodd Alun o ben y boncyn.

Roedden nhw wedi crwydro'n bell o'r tŷ fferm erbyn hyn. Wedi ailgychwyn ei feic modur, symudodd ei dad ymlaen yn ofalus gan fod y tir yn serth.

Yna gwelodd Alun ei dad yn troi'n sydyn oddi wrtho ac yn gwibio i lawr y llechwedd fel ysgyfarnog.

"Hei! Arhoswch amdana i!" gwaeddodd.

Doedd y ffermwr ddim yn arfer gwneud peth fel hyn. Fel rheol âi'n bwyllog, a'i fab bach wrth ei ochr. Er mor ifanc oedd o, fe wyddai Alun fod rhywbeth o'i le. Âi Iwan Davies yn gynt ac yn gynt i lawr y llechwedd llithrig. Roedd yn amlwg nad oedd yn medru stopio. Yna gwelodd y bachgen ei dad yn cael ei daflu'n glir o'r beic modur. Trawodd ei ben yn galed yn erbyn carreg fawr. Gorweddodd yn llonydd, a'r gwaed yn pistyllio o'i ben!

Buasai llawer plentyn pedair oed wedi dychryn gormod i wneud dim, ond nid eistedd i lawr a chrio a wnaeth Alun. Wedi cyrraedd ato, gwyddai na allai fod o gymorth i'w dad, ond fe allai rhywun arall helpu, ac roedd yn bwysig iawn felly iddo redeg ei orau am adre i ddweud wrth ei fam.

"Neu a fyddai'n well i mi aros yn gwmpeini i Dad, a'i helpu o i godi?" gofynnodd iddo'i hun wedyn.

Edrychodd ar ei dad. Roedd yn gorwedd mor llonydd â'r beic modur a aeth ar ei ben i goeden islaw iddyn nhw.

"Na, mynd i chwilio am help wna i," penderfynodd, gan geisio atal y dagrau.

Er iddo geisio bod yn ddewr, roedd gweld ei dad yn

gorwedd mor dawel, ac yn gwaedu, wedi rhoi sioc ofnadwy iddo. Ond mynnodd anghofio'r olygfa wrth gychwyn rhedeg am adref, gan feddwl yr un pryd am y ffordd gyflymaf i fynd yno.

"Fe a' i drwy'r afon," meddai wrtho'i hun, gan frysio'n gynt nag a wnaethai erioed o'r blaen.

Wrth lwc, doedd fawr o ddŵr yn yr afon fechan. Fel arfer, ei chroesi yn ofalus ac o garreg i garreg a wnâi Alun pan oedd hefo'i dad, ond y tro hwn tasgodd drwy'r dŵr fel ceffyl gwyllt ac ymlaen wedyn dros sawl boncyn tuag at y tŷ. Edrychai'r gwartheg a'r defaid mewn syndod arno'n mynd heibio iddyn nhw tuag at y llidiart, heb aros i siarad â nhw fel y gwnâi bob amser arall.

Dringodd fel mwnci bywiog i ben y llidiart — roedd yn rhy fyr i'w agor. Drosodd â fo wedyn fel acrobat ar siglen mewn syrcas. Syrthiodd ar y gwair, ond doedd dim amser i boeni ei fod wedi brifo'i droed. Roedd yn rhaid rhedeg ymlaen. Roedd ei dad wedi brifo'n ddrwg ac yn gorwedd ar lawr. Roedd yn rhaid iddo barhau i redeg! Curai ei galon erbyn hyn fel un y gwningen fach honno a ddaliodd yn ei ddwylo unwaith. Ac roedd bron â cholli ei wynt fel y tro hwnnw yr aeth ei fam â fo i'r pwll nofio am y tro cyntaf. Ond doedd dim amser i'w golli. A doedd dim amser i stopio chwaith a chael pum munud o orffwys. Roedd llawer o ffordd ganddo eto cyn cyrraedd y tŷ. Gwelodd lidiart arall o'i flaen.

Roedd hi'n fwy anodd dringo hwn, ond roedd yn benderfynol o wneud. Bu bron iddo lithro a syrthio ar ei hyd. Roedd ei dalcen yn wlyb â chwys erbyn hyn, ac roedd ganddo andros o boen yn ei ochr. Mor braf fyddai cael gorwedd ar y gwair yn yr haul am funud bach i gael ei anadl yn ôl. Ond na, roedd yn bwysicach na dim iddo ddal ati i redeg. Roedd chwarter milltir ganddo eto cyn cyrraedd ei gartref!

Siglai'r oen swci ei gynffon yn hapus pan welodd Alun yn dod yn y pellter. Stopiodd yn stond fodd bynnag pan wthiodd y bachgen heibio iddo a churo ar ddrws cefn y tŷ nes roedd ei ddwrn yn brifo.

"Mam! Agorwch y drws! Mae Dad wedi brifo'n ofnadwy! Rhaid i chi nôl doctor!"

Prin y gallai siarad erbyn hyn gan ei fod wedi brysio cymaint. Er iddi hithau gael braw mawr, gwyddai Connie Davies mor bwysig oedd meddwl yn gyflym ar adeg fel hyn, fel y gwnaeth ei bachgen bach.

"Fe ffonia i am y meddyg rŵan, a galw am ambiwlans."

"Ond mae Dad ar ei ben ei hun yn gorwedd yn bell yn y fan acw."

"Ydi, 'ngwas i. Gwranda. Mi wn i dy fod ti wedi blino ac wedi dychryn. Ond fedri di fynd yn ôl at dy dad tra bydda i'n ffonio?"

Wedi iddo ddweud wrthi'n union ym mhle'r oedd Iwan, cychwynnodd Alun yn ei ôl. Roedd ei geg mor sych â hen fisged. O! mor hyfryd fyddai cael diod. Ond roedd yn rhaid brysio i gadw cwmpeini i'w dad.

"Dad, ydech chi'n fy nghlywed i?"

Gwyrodd uwch wyneb y gŵr llonydd ar y glaswellt ar ôl cyrraedd ato. Roedd coesau'r plentyn yn crynu fel jeli ar ôl rhedeg cymaint. Ceisiodd ei dad ei ateb, ond roedd mewn gormod o boen, a chaeodd ei lygaid unwaith yn rhagor. Wrth lwc, doedd ei ben ddim yn gwaedu cynddrwg erbyn hyn, a gafaelodd Alun yn dyner yn ei law.

"Er ei fod yn rhy sâl i siarad hefo mi, mae'n siŵr o ddeall fy mod i yma'n cadw cwmpeini iddo," ebe'i fab bychan wrtho fo'i hun.

Erbyn hyn roedd ei fam bron â mynd o'i cho. Roedd wedi ceisio galw am feddyg ac ambiwlans lawer gwaith, ond doedd y ffôn ddim yn gweithio!

"Pam roedd rhaid i hyn ddigwydd heddiw?" gofynnodd yn wyllt i'w ffrind ar ôl brysio draw i'w chartref i ddweud yr hanes.

"Defnyddia fy ffôn i," ebe honno'n ddiymdroi.

"O, na!" gwaeddodd Connie Davies pan gododd y ffôn at ei chlust. "Fedra i ddim coelio hyn. Dydi'ch ffôn chi ddim yn gweithio chwaith! O, be wna i?"

"Dowch, fe awn i'r pentre yn y car. Fe gewch ffonio o'r fan honno."

Ond am ryw reswm roedd rhywbeth o'i le ar bob ffôn ym mhentref y Parc y bore hwnnw. Erbyn hyn roedd mam Alun yn dechrau torri ei chalon.

"Does ond un peth i'w wneud. Dowch, yn ôl i'r car â ni," meddai ei ffrind wrthi.

Trodd honno drwyn ei char am y Bala, ac i ffwrdd â'r ddwy at y meddyg agosaf yn y dref. Cyn pen dim roedd dau fodur yn rhuthro'n ôl am y Parc, gydag ambiwlans yn eu dilyn.

"Gobeithio na chafodd Iwan ei ladd," meddai Connie yn dawel wrth ei ffrind a oedd ar y blaen i'r lleill er mwyn eu harwain i fferm Tŷ Du.

"Ceisia di beidio â phoeni," atebodd y ferch arall. "Fe fyddwn hefo fo mewn chwinciad. Rwyt ti'n lwcus bod gen ti fab bach mor gall a dewr."

Roedd Alun yn eu gweld yn hir iawn yn dod.

"Peth rhyfedd na fuasai rhywun wedi cyrraedd erbyn hyn," meddai'n dawel wrth ei dad.

Er bod Iwan Davies yn parhau i orwedd yn llwyd a llonydd ar y gwair, heb agor ei lygaid nac ateb ei fab, daliai'r bachgen i barablu siarad hefo fo gan wasgu ei law yn dyner.

"Peidiwch chi â phoeni, Dad," meddai wrtho. "Fe ofala i am y fferm hefo Mam nes byddwch chi'n well."

Ar ôl dweud ei hanes yn dringo'r gatiau, ac wedi sôn dipyn am yr oen swci a'r gwartheg, doedd ganddo fawr ddim byd arall i'w ddweud. Ac wedi iddo stopio siarad, sylwodd mor dawel oedd pob man o'i gwmpas. Nid oedd erioed wedi teimlo mor unig. Yna'n sydyn fe neidiodd ar ei draed.

"Mae rhywun yn dod! Dacw nhw'n brysio tuag aton ni!"

O'r diwedd, gwelodd Alun ei fam a phobl eraill yn brasgamu tuag ato fo a'i dad.

"Da iawn ti," ebe'r meddyg wrth yr hogyn pedair oed.

Rhedodd Alun at ei fam gan adael i'r dyn caredig archwilio ei dad. Gwasgodd Connie Davies ei bachgen yn dynn i ddangos cymaint o feddwl ohono oedd ganddi. Ddywedodd yr un o'r ddau ddim byd, dim ond edrych a gwrando.

"Mae eich gŵr wedi brifo ei ben yn ddrwg iawn, mae arnaf ofn," ebe'r doctor wrth y wraig. "Ond fe fydd ar ei ffordd i'r ysbyty cyn pen dim o dro rŵan. Tydw i ddim yn meddwl y byddai'n dal yn fyw oni bai i ni gael ein galw ato mor sydyn. Ac i Alun mae'r diolch am hynny."

Wedi iddo gael chwistrelliad gan y meddyg, cariodd dynion yr ambiwlans y ffermwr yn ofalus at y tŷ. Roedd yna ddigon o bobl i agor y ddau lidiart ar y ffordd yno'r tro hwn, ac felly doedd dim rhaid i Alun eu dringo fel y troeon o'r blaen. O'r diwedd roedden nhw wrth y tŷ fferm. Gwyliodd y bachgen ei fam yn dringo'r grisiau yng nghefn yr ambiwlans i fod yn gwmpeini i'w dad ar y ffordd i'r ysbyty. Roedd cymdogion caredig yn mynd i ofalu am y bachgen nes dôi ei fam adre'r noson honno.

"Pam na cha i ddod hefyd?" gofynnodd Alun.

"Rwyt ti wedi gwneud dy ran. A heblaw hynny, mae angen rhywun i ofalu am y lle, yn does?" atebodd ei fam yn dawel a charedig cyn i ddrysau cefn yr ambiwlans gau.

Ar ôl iddyn nhw fynd, gwnaeth rhai o'r merched fwyd i Alun, ac roedd blas da ar y tatws a'r cig a'r llysiau, ac ar y ddiod oren, ar ôl ei antur fawr. Yna aeth i ddweud yr hanes wrth ei oen llywaeth oedd yn ei ddisgwyl y tu allan i'r drws. Bu'r ddau'n gwmni i'w gilydd weddill y dydd.

"Fydd Dad yn iawn?" gofynnodd i'w fam pan ddaeth hi adre'r noson honno.

"Ryden ni i gyd yn gobeithio hynny," atebodd hithau'n flinedig wedi'r daith a'r cyffro. "Mae'r meddygon clyfar yn gwneud eu gorau iddo."

"Ym mhle mae o?"

"Yn Wrecsam."

"Be ydi enw'r 'sbyty?"

"Ysbyty Maelor."

"Pryd ga i ddod hefo chi i'w weld o?"

"Pan fydd Dad yn well."

Gan ei fod wedi brifo ei ben mor ddrwg, bu'n rhaid symud tad Alun i Ysbyty Walton yn Lerpwl, a bu'r meddygon yno yn rhoi triniaeth iddo am naw awr. Cafodd y bachgen fynd i'w weld pan oedd yn gwella. Gwenai'r tad wrth wrando arno'n adrodd hanes y fferm ac yn dweud sut roedd ffrindiau ffeind yn ei helpu i ofalu am y lle. Erbyn hyn roedd yr arwr bychan wedi dechrau yn ysgol y Parc, ac wrth ei fodd yno.

"Mi ddywedais i wrthyn nhw yn yr ysgol mai ffermwr fel Dad roeddwn i'n mynd i fod ar ôl tyfu," meddai Alun wrth ei fam pan oedd y ddau'n cael te rhyw ddiwrnod.

"Mae dy hanes di yn y papur newydd yma heddiw," ebe'i fam yn falch.

"Be mae o'n ddweud?"

"Dweud dy fod yn cael mynd i gyfarfod pwysig yn Llundain hefo plant eraill a wnaeth rhywbeth arbennig."

"I be?"

"Am dy fod ti wedi dy ddewis yn un o blant mwyaf dewr y flwyddyn 1988."

"O ia. Roedd rhai o'r plant hyna yn yr ysgol yn sôn wrtha i am ryw *Kid of the Year* amser chwarae heddiw. Ond doeddwn i ddim yn deall."

"*Superkid of the Year* rwyt ti'n feddwl," chwarddodd ei fam.

Aeth y newydd da fel tân gwyllt trwy bentre'r Parc, ac yna trwy Gymru gyfan.

"Wnes i ddim byd ond rhedeg, a chadw cwmpeini i Dad."

"Allai neb fod wedi gwneud dim mwy," atebodd ei fam. "Wyt ti'n edrych ymlaen at fynd i Lundain? Fe fydd yn ddiwrnod pwysig i ti."

"Na, mae yna ddiwrnod pwysicach na hynny i fod."

"O, be fydd hwnnw felly?"

"Y diwrnod y daw Dad adre aton ni!"

"Ie, rwyt ti yn llygad dy le," atebodd y wraig, gan ddechrau clirio'r llestri te.

Aeth yntau'r ffermwr bychan i newid i'w hen ddillad er mwyn helpu i odro'r gwartheg, ac wedyn aeth am dro i ddweud wrth yr oen llywaeth am gystadleuaeth *Superkid of the Year*.

Crwban y Môr

"Mi fydd yn hyfryd cael mynd i'r caban i gysgu," meddai Douglas Wardrop.

Swyddog ar y llong *British Monarch* oedd Douglas. Roedd yn un o'r tri oedd wedi bod yn effro rhwng hanner nos a phedwar o'r gloch y bore. Y morwr wrth yr olwyn lywio oedd un o'r lleill, a llongwr yn gwylio'r môr o gwmpas y llong oedd y llall. Roedd gweddill y criw yn cysgu tra gofalai Douglas a hwythau am y llong. Wedi i'r swyddog oedd yn mynd i ofalu am y *British Monarch* am y pedair awr nesaf ddod ato i gymryd ei le, aeth Douglas i gyfeiriad ei gaban.

"Er 'mod i eisiau cysgu, mae'n well i mi fynd i edrych ar y cloc yn rhan ôl y llong, gan nad yw'n gweithio'n iawn," meddai Douglas wrtho'i hun. "Os alla i ei drwsio rŵan, mi ga i aros yn hwyrach yn y bync."

Wedi cyrraedd y starn, gwyrodd dros ochr dde'r llong lle'r oedd y cloc. Roedd gwifren hir a chryf yn rhedeg o'r cloc ac yn cael ei thynnu y tu ôl i'r *British Monarch*. Ar flaen y wifren roedd olwyn fechan yn troi yn y dŵr. Pan oedd y cyfan yn gweithio'n gywir, gallai'r capten weld pa mor bell roedd ei long wedi teithio bob dydd, dim ond wrth edrych ar y cloc. Dringodd y morwr dros yr ochr nes ei fod yn ymyl y cloc. Wedi iddo ddatod y sgriwiau ar ei wyneb, gan ddisgleirio golau ei lamp drydan ar yr

olwynion bach y tu mewn, gwelodd Douglas mai dim ond gwifren fechan oedd wedi dod yn rhydd.

"Fydda i ddim chwinciad yn trwsio hon," meddai. "Rydw i wedi gwneud peth tebyg o'r blaen."

Ond yn anffodus, gwnaeth gamgymeriad. Gan ei fod ar gymaint o frys i gael swatio yn y bync i gysgu, fe anghofiodd rywbeth pwysig iawn. Dylai fod wedi dweud wrth y swyddog arall oedd yn effro ar y pryd i gadw ei lygad arno rhag ofn i rywbeth ddigwydd. Dyna'r rheol bob tro. Er ei bod yn noson ddistaw yno yn y Cefnfor Tawel, a'r llong heb fod yn ysgwyd llawer, fe lithrodd ei law yn sydyn oddi ar y cloc. Ceisiodd ei orau i gael gafael yn y darn o haearn a ddaliai'r cloc yn sownd wrth ochr y llong, ond doedd ei feddwl ddim yn glir gan ei fod mor gysglyd, a chyn iddo sylweddoli beth oedd yn digwydd, roedd wedi disgyn i'r dŵr y tu ôl i'r llong!

"Mae'n rhaid i mi nofio oddi wrth y propelor," meddai wrtho'i hun yn wyllt, "neu fe gaf fy nhorri'n ddarnau. Mi wnes i ddigon o sŵn wrth ddisgyn. Siawns na fydd rhywun wedi 'nghlywed yn taro'r môr."

Ond roedd rhuo'r propelor wrth gorddi'r tonnau wedi boddi ei sŵn yn cwympo o'r *British Monarch*. A doedd yr un o'r tri oedd yn effro ar y pryd yn digwydd edrych i'w gyfeiriad.

"Wel, fe wnes i beth twp," ebe Douglas Wardrop wrtho'i hun gan geisio meddwl beth a wnâi nesaf. "Fe geisia i afael yn y wifren sy'n hongian o du ôl y llong. Os alla i ddal fy ngafael yn honno, fe fydd rhywun yn sicr o'm tynnu'n ôl i mewn ar ddec y *British Monarch*."

Wrth lwc, a chyda chymorth y lamp fawr oedd yn goleuo starn y llong fasnach, fe ddaeth o hyd i'r wifren. Ceisiodd ei godi ei hun o'r dŵr wrth iddo gael ei lusgo drwy'r tonnau. Ond methodd.

"Help! Help!" gwaeddodd, gan obeithio y byddai rhai o'r criw a gysgai yn rhan ôl y llong yn deffro wrth ei glywed.

Ond roedd y dŵr yn taro yn ei erbyn yn gryf wrth iddo gael ei dynnu trwy'r lli, a chollodd ei wynt yn fuan. Ni allai weiddi rhagor. A doedd neb wedi ei glywed. Dim ond fest a throwsus byr tenau oedd amdano, a dechreuodd deimlo'n oer. Chwifiodd y lamp fechan oedd ganddo yn ôl ac ymlaen, ond roedd y cwbl yn ofer. Roedd y wifren fetel yn teimlo fel darn o haearn chwilboeth yn ei law. Rhwygai hon ei groen yn giaidd, ac aeth yn fwy anodd iddo barhau i afael yn dynn ynddi.

"Mae'n rhaid i mi beidio â'i gollwng," meddyliodd, gan barhau i gael ei lusgo drwy'r tonnau a chan gofio'r tro hwnnw y syrthiodd oddi ar ei geffyl erstalwm a chael ei dynnu ar hyd y ddaear gydag un droed yn sownd yn y warthol.

"O, dyna braf," meddai'n sydyn. "Does gen i ddim poen o gwbl yn fy nwylo rŵan."

Ond wedi gollwng gafael yr oedd o, heb sylweddoli hynny. Gwelai'r golau ar starn y *British Monarch* yn mynd yn bellach ac yn bellach oddi wrtho. Gwaeddodd nerth esgyrn ei ben ond chlywodd neb y gri unig o'r môr.

"Mi fydd oriau wedi mynd heibio cyn iddyn nhw sylwi nad ydw i ar y llong, ac er bydd y capten yn sicr o ddychwelyd i chwilio amdana i, mi fydda i wedi boddi ymhell cyn hynny," meddai'n ddigalon wrtho'i hun, gan wylio'r golau yn diflannu i'r pellter.

Yn lle bod ar y llong ar ei mordaith o Panama i Siapan, roedd ar ei ben ei hun yn y môr agored. Doedd neb ar fwrdd y *British Monarch* wedi gweld llong arall ers oriau maith, ac roedd y tir agosaf fil o filltiroedd i ffwrdd!

"Mae'n rhaid i mi gadw fy nerth," meddai'n sydyn, gan roi heibio nofio'n ofer ar ôl ei long.

Roedd y morwr yn nofiwr da, ac wedi ei hyfforddi i'w gadw'i hun rhag boddi. Cadwodd ei hunan ar wyneb y lli nes i'r wawr dorri. Na, doedd dim golwg o long yn unman. Yna cofiodd pa ddiwrnod oedd hi.

"Mae'n ddydd Sul, y nawfed o Fehefin, 1957," meddai wrtho'i hun. "Mae'r criw yn cael brecwast rŵan. Ond fydd neb yn poeni nad ydw i wrth y bwrdd bwyd gan fod llawer ohonom yn aros yn hwyrach yn y bync ar fore Sul am fod llai o waith i'w wneud."

Gobeithiai y byddai'r capten yn sylweddoli'n weddol fuan ei fod ar goll. Byddai hwnnw'n crwydro drwy'r llong am hanner awr wedi wyth bob bore i sicrhau bod popeth yn iawn.

"Ond mi fydda i wedi bod yn y dŵr am bedair awr a hanner erbyn hynny, ac fe gymer yr un faint o amser i hwylio'n ôl i chwilio amdana i. Fydd gen i ddigon o nerth i ddal i nofio o gwmpas yn araf a chadw'n fyw tybed?" meddyliodd Douglas yn drist.

Trodd ar ei gefn i wylio'r haul yn goleuo'r awyr uwchben y Cefnfor Tawel. Daeth rhai o adar y môr i hofran uwch ei ben. Plymiodd un amdano yn wyllt, fel awyren yn sgrechian cyn gollwng bom ar long adeg rhyfel.

"Meddwl am rywbeth i'w fwyta rwyt ti, mae'n siŵr," meddai'r morwr unig gan godi un fraich i'w hel i ffwrdd.

Fe sylweddolodd yr un eiliad mor llwglyd a sychedig yr oedd yntau erbyn hyn. A pha mor flinedig ydoedd. Brwydrodd i'w gadw ei hun yn effro. Yna cofiodd am rywbeth arall. Roedd mewn rhan o'r môr lle'r oedd llawer siarc yn byw. Plymiodd o dan wyneb y dŵr gan chwilio o gwmpas. Ni welai ddim ar y dechrau. Ond pan nofiodd ychydig yn is, gwelodd rywbeth hir a llyfn yn llechu. Siarc!

"Os ydi o eisiau bwyd, mae hi wedi darfod amdana i," meddai'n grynedig wrtho'i hun. "Ond mi gicia i'r dŵr mor galed ag y medra i."

Wrth lwc, siarc oedd newydd gael llond ei fol oedd yn llercian yno, fel llong danfor dawel dan y lli.

"Dyna'r peth gorau a ddigwyddodd i mi erioed," ebe'r morwr wrth wylio'r pysgodyn mawr yn troi ar ei gefn ac yn nofio i ffwrdd. "Efallai bod hyn yn arwydd da, ac y caf fy achub gan rywun cyn bo hir. Mae'n bwysig i mi beidio â cholli gobaith."

Ond y foment y dechreuodd ei galon godi, teimlodd rywbeth fel braich hir wlyb yn cau am ei wddw. Cododd ei law i geisio rhwystro'r peth rhag ei dagu, a gwelodd ugeiniau o lysywod anferth yn nofio o'i gwmpas. Roedden nhw'n eu clymu eu hunain am ei gorff fel rhaffau byw. Cafodd ei bigo drosto ganddyn nhw hefyd. Er hynny fe frwydrodd yn galed, gan gorddi'r dŵr.

"Ches i ddim fy lladd gan y siarc, a dydech chwithau ddim am gael cyfle i'm mygu i farwolaeth chwaith!" gwaeddodd, gan gicio eto a tharo yn eu herbyn.

O'r diwedd gollyngodd y llysywen hyll a wasgai am ei wddw ei gafael. Yna nofiodd i ffwrdd a'r lleill i'w chanlyn. Ond wedi'r holl gyffro gyda'r adar a'r siarc, a'r ymladd hefo'r llysywod, teimlai Douglas nad oedd ganddo fawr o nerth ar ôl erbyn hyn. Cafodd ei demtio i orwedd yn ôl yn llonydd, a pheidio â gwneud dim ond gadael i'w gorff suddo i waelod y môr. Er hynny, pan oedd o'n teimlo'n fwy digalon nag erioed o'r blaen, fe glywodd lais ei dad yn ei ddychymyg. Er i'w dad gael ei ladd pan oedd Douglas Wardrop yn ddim ond pump oed, cofiai'r morwr yn glir sut yr oedd wedi dweud wrtho lawer gwaith pan oedd pethau'n mynd o chwith: "Dal ati, Doug, dal ati. Rwyt ti'n siŵr o lwyddo." Cofiodd yn sydyn hefyd am yr hyn a ddywedodd un capten llong wrtho unwaith pan oedd yn forwr ifanc iawn. Roedd gwynt mawr wedi taro eu llong ym Môr China, a'r llifeiriant wedi rhuthro i ystafell y peiriannau gan fygwth malurio'r llong yn ddarnau. Cafodd Douglas fraw, a rhedodd at y capten. Daeth o hyd i hwnnw ar ei liniau, a dywedodd wrth y morwr ifanc: "Os oes gen ti rywfaint o synnwyr ar adeg fel hyn, mi ei dithau ar dy liniau a gweddïo."

Caeodd Douglas ei lygaid a dweud ei bader yn dawel wrth nofio'n unig yng nghanol y môr mawr. Pan agorodd ei lygaid, cofiodd am Stan. Y swyddog radio ar y *British Monarch* oedd Stan McNally. Roedd y ddau'n ffrindiau pennaf. Oedd, roedd Douglas yn siŵr y byddai Stan yn gwneud ei orau drosto. Ac roedd yn iawn.

"Cod, y cenna diog. Rwyt ti wedi cysgu digon!"

Stan McNally oedd yn gweiddi y tu allan i ddrws caban Douglas ar y llong. Roedd o wedi sylwi nad oedd ei ffrind wrth y bwrdd brecwast, a phenderfynodd fynd i dynnu ei goes am y peth. Wedi cnocio'r drws eto, dyma fo'n ei agor ac yn gweld bod bync Douglas yn wag. Chwiliodd bob man amdano ar y deciau. Yna brysiodd i'r howld ac i stafell y peiriannau, ond doedd dim golwg o'i gyfaill yn unlle. Erbyn hyn roedd yn hanner awr wedi wyth. Rhuthrodd i ddweud wrth Capten Coutts.

"Yn ôl â ni i chwilio amdano," meddai hwnnw'n syth er nad oedd ganddo fawr o obaith dod o hyd i Douglas yn fyw. "Mae'n debyg fod y gweddill ohonoch chi'r criw yn credu fod y dasg yn amhosibl, ond mae'n ddyletswydd arnon ni droi'n ôl a cheisio dod o hyd iddo."

Cytunodd pawb.

"Be ga i wneud i helpu?" gofynnodd Stan.

"Cei yrru neges ar y radio i longau eraill i ddweud am yr

helynt," atebodd ei gapten. "A dywed wrth wylwyr y glannau yn Acapulco i drefnu i awyren neu ddwy ddod i'n cynorthwyo. Yna ymhen dipyn fe gei di ddringo i ran uchaf un o'r mastiau er mwyn edrych allan am dy ffrind."

Yn anffodus, doedd yr un awyren ar gael.

"Yn ôl â ni, felly, cyn gynted ag y gallwn," ebe Capten Coutts. "Does dim munud i'w golli."

Roedd yr haul yn tywynnu'n boeth iawn ar ben Douglas erbyn hyn.

"Mae'n dda fod dŵr y môr yn gynnes hefyd yn y rhan yma o'r byd neu mi fuaswn wedi rhewi i farwolaeth," meddyliodd.

Yna'n sydyn clywodd sŵn chwythu rhyfedd yn y tonnau y tu ôl iddo. Trodd i edrych. Gwelodd greadur od iawn. Crwban y môr oedd yno, ond doedd y morwr erioed wedi gweld un mor fawr yn ei fywyd. Cododd ofn dychrynllyd arno. Roedd ei gorff yn fwy nag un Douglas!

"Dydw i ddim yn hoffi ei olwg o gwbl," meddai'r dyn ifanc wrtho'i hun. "Mae'n well i mi nofio oddi wrtho."

Ond dilynodd y crwban anferth ef yn dawel gan edrych yn ddiniwed arno â'i ddau lygad enfawr.

"Dydi'r llygaid yna ddim yn edrych yn rhai creulon," meddyliodd Douglas wedyn. "A wela i ddim golwg o ddannedd peryglus chwaith."

Erbyn hyn roedd yr anifail wedi closio ato ac yn ei rwbio'i hun yn ysgafn yn erbyn braich y morwr.

"Go dda. Dwyt ti ddim eisiau ymosod arna i, mae'n amlwg," meddai Douglas wrtho.

Doedd dim golwg o grwban y môr arall yn unlle.

"Mae'n sicr mai teimlo'n unig rwyt tithau hefyd," gwenodd y morwr, gan deimlo'n well nag a wnaethai ers oriau gan fod ganddo gwmni.

Dywedodd ei hanes i gyd wrth ei ffrind newydd. Pan deimlodd fod y crwban môr ar fin nofio i ffwrdd, gafaelodd ynddo'n ofalus.

"Aros yma hefo fi am dipyn," meddai wrtho, "i gadw cwmpeini i mi."

Closiodd y creadur rhyfedd ato unwaith yn rhagor fel pe byddai'n falch bod llaw Douglas yn dal ei gafael yn dynn ynddo. Siaradodd y gŵr ifanc heb stopio wedyn gan nad oedd wedi cael dweud dim wrth neb ers oriau. Wedi sôn am ei waith ar y llong wrth ei gwmni ffyddlon, dywedodd ambell jôc wrtho hefyd, a chanodd ganeuon y môr iddo, gan floeddio'n uchel dros bob man. Yna'n sydyn tawelodd.

"Bobol bach," meddyliodd. "Ydw i'n dechrau drysu? Rwy'n siarad hefo anifail ac yn canu yn y môr fel dyn gwallgo! Tybed ydi gwres yr haul wedi dechrau effeithio ar fy meddwl?"

Ond daliodd ei afael yn ei gyfaill, gan olchi'r dŵr hallt dros ei ben hefo'i fraich rydd er mwyn ceisio oeri ychydig arno'i hun. Roedd yr haul ar ei boethaf erbyn hyn, a'r pelydrau o wres yn taro Douglas fel procer gwynias. Ceisiodd frwydro ei orau rhag cysgu. Ond methodd. Wedi i'w lygaid gau ac wedi iddo ddechrau anadlu'n drwm, breuddwydiodd ei fod yn ôl ar y *British Monarch*. Ac roedd hi'n storm ar y môr. Symudai'r morwyr eraill o gwmpas yn brysur yn ceisio arbed y llong, ond daliai o ei afael yn un o'r rhaffau, ac roedd y dynion eraill yn tynnu'i goes am hynny. Clywodd lais Stan yn gwneud sbort am ei ben.

"Ha, ha, yr hen fabi. Rwyt ti ofn gollwng y rhaff am fod y llong yn prancio fel ebol yn y tonnau gwyllt!"

Ni chafodd Douglas gyfle i'w ateb gan iddo ddeffro'n sydyn. Edrychodd o'i gwmpas yn syn, ond doedd dim golwg o Stan, na'r llong, na'r rhaff na'r storm. Syllodd wedyn ar yr haul, ond dim ond am ryw eiliad. Fel llongwr oedd wedi hen arfer dweud faint o'r gloch oedd hi wrth edrych arno, gwyddai ei fod wedi cysgu am hanner awr. Ond ym mhle'r oedd y rhaff y meddyliodd ei fod wedi gafael mor sownd ynddi ar hyd yr amser? Dyma sylweddoli yn sydyn ei fod yn dal i gydio'n dynn yng nghrwban y môr!

"Pan ddyweda i'r hanes — os ca i fy achub — fydd neb yn fy nghoelio," meddai wrth yr anifail caredig yn y lli. "Mi fuaswn wedi suddo o'r golwg dan y tonnau ymhell cyn hyn oni bai amdanat ti. Pwy erioed a glywodd am beth mor ddiniwed â chrwban y môr yn achub bywyd neb?"

Taflodd y llongwr gip sydyn ar yr haul unwaith eto.

"Mae hi wedi pasio un o'r gloch," meddai wrth ei ffrind yn y dŵr. "Fe fyddan nhw yma o fewn yr hanner awr nesaf neu ddim o gwbl."

Erbyn hyn roedd Capten Coutts yn ddigalon iawn. Er i Stan ac yntau a phob aelod arall o'r criw syllu a syllu nes roedd eu llygaid yn llosgi, doedd dim golwg o forwr ar goll yn y môr yn unman.

"Mae hi'n chwarter wedi un," meddai'r capten wrth ei griw. "Fe fydd yn rhaid i ni hwylio hebddo os na welwn o ymhen chwarter awr, gan na fydd digon o olew i yrru'r peiriannau er mwyn cyrraedd pen ein taith."

Doedd o erioed wedi gorfod gwneud y fath benderfyniad anodd o'r blaen.

Edrychodd Stan, a syllai dros y tonnau o safle uchel ar un o'r mastiau, ar ei oriawr. Roedd yn ugain munud wedi un erbyn hyn.

"Doug, Doug, ble'r wyt ti? Ble'r wyt ti?" gwaeddodd. Doedd dim golwg o neb. Ond daliodd i rythu i bob cyfeiriad.

"Ble'r wyt ti? Ble yn y byd wyt ti?" holodd Stan wedyn, gan floeddio'n wallgo.

Roedd yn bum munud ar hugain wedi un. Gwyddai Stan mai ganddo fo'r oedd y gobaith mwyaf o weld ei ffrind yn y môr. Edrychodd yn ofalus i'r gogledd a'r de — yna i'r dwyrain a'r gorllewin. Dim byd ond môr, môr ym mhob man. Yna syllodd ar ei oriawr eto. Roedd yn saith munud ar hugain wedi un erbyn hyn! Clywodd y morwyr eraill orchymyn eu capten i baratoi i droi'r llong yn ei hôl mewn cylch ac wedyn hwylio ymlaen i Siapan.

"Tri munud ar ôl," sibrydodd Stan yno'n uchel ar ei ben ei hun ar y mast.

Nid oedd wedi teimlo mor siomedig yn ei fywyd.

"Llong! O, grwban y môr annwyl, dacw'r *British Monarch* yn y fan acw."

Gwelodd Douglas y llong fasnach yn y pellter a bloeddiodd yn hapus dros bob man. Yna distawodd. Roedd rhywbeth o'i le. Gallai weld y ddau fast ar y *British Monarch*.

"Pe byddai'n hwylio'n syth amdanom, dim ond un mast fuasai'n y golwg!" llefodd yn gyffro i gyd. "Mae'r llong yn troi'n ei hôl. Mae'r criw wedi methu fy ngweld. Maen nhw am hwylio i ffwrdd a'm gadael!"

Ciciodd y dŵr fel rhywun ar suddo. Roedd pob gobaith am gael ei achub yn cilio'n gyflym.

"Agor dy lygaid, Stan! Rydw i yma!"

Wrth ei glywed yn sgrechian fel hyn ac yn actio fel clown yn y tonnau, fe ddychrynodd y crwban druan. Nofiodd yn dawel a syn oddi wrth y dyn yn y dŵr. Gorweddodd hwnnw'n llipa ar wyneb y lli, a'r dagrau'n rhedeg i lawr ei fochau.

"Dacw fo! Dacw fo!!" gwaeddodd Stan ar y capten trwy ei gorn siarad o'i fan gwylio ar y mast.

Chwythodd Capten Coutts chwiban y llong gan roi gorchymyn yr un pryd i fynd i'r cyfeiriad roedd Stan wedi ei ddangos iddo. Wedi clywed y sŵn, daliodd Douglas i grio, ond am reswm gwahanol.

"Hwrê!"

Bloeddiai'r criw yn llawen gan ddawnsio o gwmpas y dec. Edrychodd pob un wedyn ar y cwch yn cychwyn o'r llong i achub Douglas. Roedd Stan yn barod i'w gario ar ei gefn i fyny'r ysgol o waelod ochr y llong wedi i'r cwch ddod yn ei ôl, ond roedd Douglas Wardrop yn benderfynol o ddringo'r ysgol ei hun.

"I Stan a'i lygaid craff mae'r diolch," ebe'r capten. "Fo welodd di."

Roedd Douglas ar fin tynnu coes Stan drwy ddweud wrtho am fynd i gael profi ei olwg am fod mor hir yn dod o hyd iddo, ac yna sôn am ffrind gwell na fo a gawsai yn y môr, pan syrthiodd yn swp ar y dec. Rhuthrodd Stan ato gan ofni ei fod wedi marw wedi'r cyfan a ddigwyddodd. Ond dim ond wedi llewygu am funud yr oedd. Cafodd ei gario i'w gaban. A daeth ato'i hun yn fuan.

"Diolch i chi i gyd am eich trafferth," gwenodd Douglas wrth sipian cwpanaid o de wedyn.

"Paid â sôn," atebodd y capten. "Dydw i erioed o'r blaen wedi cael y fraint o godi dyn yn fyw o'r môr ar ôl iddo fod ynddo am naw awr a hanner!"

"Fe genais i i grwban y môr. Ac fe achubodd fy mywyd."

Gwenodd y capten.

"Dyna ti. Gorwedd di'n ôl yn dawel i gysgu," meddai. Yna trodd at y lleill.

"Mae'r holl oriau yn y dŵr, a gwres yr haul, wedi

gwneud iddo ddychmygu pob math o bethau digri!"
chwarddodd.

Ond gwyddai Stan fod ei gyfaill yn dweud y gwir.
Gwyddai hefyd y byddai'n cael yr hanes i gyd gan Douglas
ar ôl iddo ddeffro.

Eric a'r Balŵn

"Fasech chi'n hoffi cael benthyg fy malŵn i er mwyn mynd dros y mynydd?"

"Mae o braidd yn rhy fach, 'nghariad i," chwarddodd Eric Jones pan redodd ei ferch fach dair oed, Keira, ato hefo balŵn coch ar linyn.

"Mewn un mawr, mawr y bydd Dad yn hedfan, siŵr iawn," meddai ei chwaer Rebecca oedd yn bump oed.

"Sut bydd o'n gallu byw tu mewn i'r balŵn?" holodd Keira fach.

"Mewn basged sgwâr y bydd o, debyg iawn, a honno'n hongian dan y balŵn," atebodd ei chwaer. "Paid â gofyn cwestiynau twp!"

"Paid tithau â bod yn flin wrth Keira," gwenodd ei mam, Anne. "Mae hi'n rhy ifanc i ddeall."

"Piti na fyddai Mam a ni'n dwy yn gallu dod hefo chi," ebe Keira wedyn pan oedd yn cychwyn am y gwely.

"Fe gewch chi'r hanes i gyd pan ddof fi adre," meddai Eric Jones, gan roi cusan iddi hi a'i chwaer cyn i'w mam fynd â nhw i'r llofft.

Bore drannoeth dyma Eric yn cychwyn ar y rhan gyntaf o'r daith o'i gartref, Bwlch y Moch, yn Nhremadog. Roedd o a rhai o'i ffrindiau wedi bod yn paratoi ers tair blynedd i wneud un o'r pethau mwyaf peryglus a wnaethai'r un ohonyn nhw yn eu bywydau. Roedden nhw am geisio hedfan mewn balŵn dros Everest, y mynydd uchaf yn y byd. Doedd neb wedi gwneud hyn o'r blaen. Roedd llawer o waith hel arian cyn mynd, a hefyd dysgu beth i'w wneud pe byddai rhywbeth yn mynd o'i le, neu pe bydden nhw'n gorfod glanio ar ben mynydd ymhell o bob man.

"Rwyt ti wrth dy fodd yn gwneud rhywbeth newydd fel hyn, yn dwyt?" meddai Andy Elson pan oedden nhw'n hedfan mewn awyren o Brydain i le o'r enw Katmandu. Andy oedd yn mynd i lywio'r balŵn tra bod Eric yn ffilmio'r daith.

"Ydw," atebodd y Cymro. "Rydw i wedi gwneud pethau digon peryglus ar hyd fy mywyd. Pan oeddwn i'n hogyn ifanc yn byw yn Nyffryn Clwyd, byddwn i'n gyrru beic modur yn wirion o gyflym — dros gan milltir yr awr. Mi gefais i ddamwain chwe gwaith wrth fynd fel ffŵl rownd corneli."

"Mae'n syndod dy fod ti'n fyw," meddai Andy. "Yn enwedig ar ôl gwneud pethau peryglus fel dringo mynyddoedd anferth yr Eiger a'r Matterhorn. A beth am yr holl barasiwtio rwyt ti wedi ei wneud yn ddiweddar?"

"Mae pobl yn synnu wrth fy ngweld yn neidio hefo parasiwt o ben mastiau teledu uchel, a phontydd a chlogwyni. Ond roeddwn i braidd yn ddwl yn gwneud beth wnes i yn Los Angeles, hefyd."

"O, beth oedd hynny, felly?"

"Doedd gen i ddim hawl i wneud, ond fe neidiais gyda pharasiwt o ben un o'r adeiladau uchaf yno. A hynny yn y nos!" meddai Eric Jones.

"Gobeithio na fydd raid i ni'n dau barasiwtio o'r fasged o dan y balŵn am fod pethau'n mynd o chwith," ebe'i ffrind.

Ychydig a feddyliai'r ddau ar y pryd, ond bu bron i hynny ddigwydd.

Ar ôl cyrraedd Katmandu, dyma nhw'n cyfarfod y dynion oedd wedi hedfan yno mewn awyrennau eraill gyda'r balŵn a'r fasged a'r holl bethau eraill roedd eu hangen arnynt ar gyfer yr antur. Yna cawsant eu cludo oddi yno ar ail ran y daith at droed mynydd Everest — gan dair hofrennydd.

"Wel, ryden ni wedi cael taith braf hyd yma," meddai Andy.

"Do," atebodd Eric. "Ond cerdded a dringo er mwyn cyrraedd uchder o un ar bymtheg o filoedd o droedfeddi fydd hi o hyn ymlaen — ac er mwyn gosod gwersyll yn Gokyo."

Pentref yng ngwlad Nepal yw Gokyo, ac fe fu'n rhaid iddyn nhw aros yno am wythnos er mwyn arfer â lle mor uchel. Er bod mygydau ocsigen gan Eric ac Andy yn barod ar gyfer hedfan, roedd yn bwysig peidio â mynd yn rhy uchel yn rhy fuan neu fe fydden nhw'n mynd yn sâl.

"Beth am y glaw mawr — y monsŵn?" holodd Andy wrth ddisgwyl.

"Mae'r lluniau lloeren a gawsom yn dangos bod y cawodydd trwm yn ddigon pell,' atebodd Eric. "Ac mae'r bobl sy'n astudio'r tywydd yn dweud y bydd y gwynt yn parhau yn y cyfeiriad iawn i'n helpu fory."

Bu criw o ddynion a ofalai am y balŵn yn brysur yn paratoi ar gyfer y daith, a'r bore wedyn roedd pobl pentref Gokyo wrth eu bodd yn gweld defnydd y balŵn yn codi'n araf o'r llawr wrth i aer poeth ei lenwi. Gofalodd Andy fod popeth yn ei le yn y fasged, tra bod Eric yn sicrhau bod y camerâu'n gweithio.

"Pob hwyl i chi!" gwaeddodd y criw ar y ddaear wrth i'r ddau ffrind godi'n araf.

Cododd Andy ei law arnyn nhw, ond roedd Eric yn rhy brysur yn ei osod ei hun yn weddol gyfforddus yn y gasgen oedd yn sownd y tu allan i ran isaf y fasged. Tra oedd Andy'n llywio'r balŵn i fyny ac i fyny i gyfeiriad copa Everest, gwaith Eric Jones oedd gwneud ffilm o'r golygfeydd oddi tanyn nhw ac o'u cwmpas. Roedd y fflamau'n rhuo wrth i'r llosgwyr gynhesu'r aer i gadw'r balŵn yn llawn uwchben y ddau ddyn.

"Does gen i ddim llawer o le i symud yn y gasgen fechan yma," meddai Eric wrtho'i hun. "Mae'n dda bod strapiau'n fy nghadw rhag syrthio allan. Mi wn i rŵan sut mae sardîn yn teimlo wedi cael ei wasgu mewn tun!"

Cafodd luniau ardderchog o'r haul yn sgleinio ar y rhew oddi tano ac ar yr eira ar y mynyddoedd uchel o'i amgylch. Ac ni chafodd Andy Elson unrhyw drafferth ar y dechrau i lywio'r balŵn yn fedrus ac yn ofalus tua brig y mynydd uchaf yn y byd. Roedden nhw'n gwisgo mygydau ocsigen erbyn hyn gan fod yr aer mor denau — byddai'n anodd anadlu hebddyn nhw. Cofiodd Eric Jones am y tro y ceisiodd ddringo Everest rai blynyddoedd ynghynt heb ocsigen. Methu wnaeth o. Cofiodd hefyd, wrth gael ei godi'n uwch ac yn uwch yn y gasgen, am aderyn anferth y condor a welodd ym Mhatagonia.

"Roedd yntau'n gweld y ddaear ymhell oddi tano fel finnau," ebe'r Cymro wrtho'i hun tra ffilmiai'r olygfa hardd. "Ond roedd o'n hedfan yn ddistaw. Mae hi dipyn yn wahanol yma. Mae sŵn y llosgwyr yn rhuo uwch fy mhen fel trên yn rhuthro trwy dwnnel."

Ond yr eiliad nesaf, peidiodd y sŵn. A stopiodd Eric ffilmio. Gwrandawodd eto'n ofalus. Roedd rhywbeth yn sicr o fod o'i le.

"Eric, Eric, mae'n rhaid i ti fy helpu i!"

Roedd Andy wedi tynnu ei fwgwd am funud ac yn gweiddi ar ei ffrind dros ymyl y fasged. Gwyddai Eric Jones fod y peth gwaethaf wedi digwydd. Roedd y llosgwyr wedi methu am fod y bibell ocsigen wedi rhewi! Gan fod y fflamau wedi diffodd, doedd dim modd i'r balŵn fynd yn uwch. Heb aer poeth i'w godi, gallai'n hawdd ddisgyn yn erbyn y creigiau ac roedd yna berygl i Eric a'i gyfaill gael eu lladd.

"Fflamio'r strapiau yma!" ebychodd Eric wrth iddo ymdrechu i'w gael ei hun yn rhydd o'r gasgen. Gan ei fod yn gwisgo llawer iawn o ddillad oherwydd yr oerfel, doedd hi ddim yn hawdd dringo allan o'i nyth o dan y fasged, ond llwyddodd yn araf deg i'w dynnu ei hun i fyny ochr y fasged tuag at Andy. Roedd hwnnw'n ceisio'i orau i gadw'r balŵn rhag taro yn erbyn ochrau miniog y mynydd. Pe byddai Eric yn llithro, gallai syrthio miloedd ar filoedd o droedfeddi, gan nad oedd yna raff yn sownd wrtho!

"O'r diwedd," meddai Eric wrtho'i hun ar ôl cael un droed dros ymyl y fasged ac un llaw ar y bar oedd yn dal y llosgwyr. Yna gweithiodd yn galed ac yn ddistaw i geisio ailgynnau'r fflamau. Diolchodd ei fod wedi ymarfer digon yn ystod y tair blynedd o baratoi, a'i fod yn barod ar gyfer argyfwng fel hwn.

"Go dda!" meddai Andy, gan nodio'i ben yn ei fwgwd a churo cefn Eric pan ddechreuodd y llosgwyr ruo unwaith eto.

Cododd Eric ei fawd arno a gwenu cyn cychwyn yn ôl i lawr ochr y fasged. Ac er mor anodd oedd gwneud hynny am fod ei fenyg trwchus yn ei rwystro rhag cael gafael yn iawn, roedd yn ôl gyda'i gamera yn weddol fuan.

"Mae'n dda mai Eric sydd hefo mi ar y daith yma," meddai Andy wrtho'i hun wedyn. "Ychydig iawn o ddynion yn y byd i gyd fuasai'n ddigon dewr i wneud yr hyn a wnaeth o rŵan — ac yn ddigon peniog a phwyllog i allu cael y llosgwyr i ailgynnau. Ddaru o ddim cyffroi dim. Roedd o fel pe byddai'n trwsio'r stôf yn ei gartref yn Nhremadog!"

Roedden nhw wedi codi i uchder o dri deg mil o droedfeddi erbyn hyn. Er bod Eric Jones yn brysur hefo'i gamera, daliai i wrando rhag ofn — a lwc iddo wneud hynny gan i'r fflamau ddiffodd am yr ail waith yn fuan wedyn. Gan ei bod yn haws gwneud rhywbeth yr ail dro, dringodd Eric o'i gasgen yn gynt y tro hwn a llwyddo i gyrraedd at ei ffrind unwaith yn rhagor. Ond roedd Andy Elson wedi dechrau cyffroi erbyn hyn.

"Does dim gobaith!" gwaeddodd yn wyllt ar ôl tynnu ei fwgwd am funud i siarad.

"Mae'n amhosib i mi lywio'r balŵn. Edrych — mae'n dechrau mynd yn llai heb ddigon o aer poeth ynddo. Ac ryden ni'n disgyn yn is ac yn is bob eiliad. Neidio allan hefo'n parasiwtiau fuasai orau. Buasai hynny'n well na chael ein lladd gan greigiau peryglus mynydd Everest wedi i'r balŵn a'r fasged a ninnau daro yn eu herbyn!"

Wrth lwc, llwyddodd Eric i ailgynnau'r llosgwyr unwaith eto tra oedd ei ffrind yn parablu fel hyn. Poenai Eric amdano. A oedd yn dechrau colli ei nerf?

"Gwranda," meddai'n dawel wrtho wedi gorffen ei dasg. "Os neidiwn ni hefo parasiwt pan fydd pethau fel hyn yn digwydd, fe allen fod yn lwcus a glanio mewn lle gweddol ddiogel. Ond beth pe baem ni'n dod i lawr mewn *crevasse*? Mae yna gannoedd ohonyn nhw i lawr ymhell yn yr eira a'r rhew oddi tanom. Fe fydden ni'n syrthio i drap felly, fel pry yng ngwe pry copyn. A dyna hi ar ben arnon ni!"

Teimlai Andy yn llai digalon ar ôl gweld y balŵn yn llenwi yn fawr hefo aer poeth unwaith eto. Ceisiodd ymddangos yn siriol wrth helpu ei ffrind dros ymyl y fasged. Gwyliodd Eric yn mynd yn ei ôl i'w gasgen yn ofalus.

"Bendigedig!" meddai Eric wrtho'i hun ar ôl i'r balŵn godi o'r diwedd yn glir uwchben copa Everest a pharhau i hedfan yn uwch ac yn uwch. "Fe fydd y ffilm yma'n un wych ac yn well hyd yn oed na'r un a wnaethon ni o'r golygfeydd ardderchog yn Ne Patagonia."

Ond er ei fod yn teimlo'n llawen, daliai i boeni am Andy.

"Os bydd y llosgwyr yn methu am y trydydd tro, fe fydd gen i ddwy broblem," meddyliodd, "sef cael y fflamau i ailgynnau a gofalu am y peilot. Dydi o ddim yn edrych yn dda o gwbl. Ac wedi i bethau fynd o chwith ddwywaith, mae yna beryg iddyn nhw wneud hynny'r trydydd tro."

A dyna ddigwyddodd. Wedi cyrraedd at y llosgwyr tawel unwaith yn rhagor, fe welodd dyn y camera ei gyfaill yn plygu'n swp dros ymyl y fasged. Roedd yn amlwg nad oedd yn teimlo'n dda a'i fod ar fin llewygu.

"Mae'r awyr denau a'r holl oerfel wedi ei wneud yn sâl," meddyliodd Eric wrth roi'r peilot druan i orwedd ar waelod y fasged. "Ond y peth cyntaf i'w wneud ydi cael y fflamau i ruo unwaith eto."

Doedd hi ddim mor hawdd y tro hwn gan fod y gwynt yn chwythu mor ofnadwy uwchben copa Everest. Teimlai Eric y fasged yn cael ei chwipio gan y corwynt ac yn troi a throi. Ac roedden nhw'n disgyn yn is ac yn is. Roedd brig y mynydd uchaf yn y byd yn dod yn nes ac yn nes atyn nhw. Doedd gan Eric neb i'w helpu. Roedd popeth yn dibynnu ar y dringwr enwog o Gymru!

"Wnei di ddim meistr arna i," meddai'n ddistaw a styfnig wrth y bibell ocisgen wrth geisio tynnu'r rhew allan ohoni. "Mi fuasai'n llawer haws gwneud hyn heb

fenig ond fedra i ddim mentro eu tynnu neu bydd fy
mysedd yn rhewi hefyd ac yn mynd yn ddiffrwyth am
byth."

Daliai'r fasged i droi a throi fel deilen mewn trobwll.
Daliai'r balŵn llipa i ddisgyn trwy'r awyr yn is ac yn is fel
condor wedi ei saethu. A daliai rhew a chreigiau'r mynydd
i ddod yn nes ac yn nes fel rhes o gyllyll yn barod amdanyn
nhw. Ond gyda'r un penderfyniad tawel ag y dringodd
fynyddoedd perycla'r byd, fe lwyddodd Eric Jones o'r
diwedd i gael yr ocsigen i lifo drwy'r beipen unwaith eto,
a'r llosgwyr i ailgynnau.

"Dyna'r sŵn mwyaf bendigedig a glywais i erioed."

Trodd Eric ei ben. Roedd Andy wedi dod ato'i hun.

"Wyt ti'n teimlo'n well?"

"Ydw, diolch. Mae'n ddrwg gen i am hyn. Wn i ddim
sut i ddiolch i ti."

"Twt, paid â sôn," meddai Eric wrth i'w ffrind godi a
mynd ati i lywio'r balŵn. "Nid arnat ti'r oedd y bai. Yr
oerni a'r awyr denau oedd wedi dy wneud yn wan.
Anghofia am hynny rŵan. Yn ôl â ni i Gokyo. Ti ydi'r
peilot a'r pwysicaf ohonom am weddill y daith."

I lawr ac i lawr â nhw yn rhwŷdd wedyn, ac Eric yn
edrych ymlaen at gael ymlacio ychydig yn ystod y rhan
olaf hon o'r antur. Ond sylwodd yn sydyn fod y peilot yn
cael trafferth. Roedden nhw'n ddigon isel i allu tynnu eu
mygydau ocsigen erbyn hyn, ac roedd y llosgwyr yn
gweithio'n ardderchog. Beth, felly, oedd o'i le?
meddyliodd Eric.

"Ryden ni'n gallu mynd i lawr yn iawn," eglurodd
Andy. "Ond fedra i ddim llywio'r balŵn i'r dde na'r
chwith. Edrych, mae rhai o'r rhaffau sy'n dal y fasged
wrth y balŵn wedi llosgi a thorri i ffwrdd. Does dim peryg
chwaith, dim ond ei fod o'n niwsans."

"Mi ddaru nhw losgi wrth i ni gael trafferth hefo'r llosgwyr, mae'n siŵr," atebodd Eric. "Fedrwn ni ddim mynd yn ôl i Gokyo felly, oni bai bod y gwynt yn ddigon caredig i'n helpu i fynd i'r cyfeiriad cywir."

Er bod y peryglon gwaethaf drosodd, hen beth digon annifyr oedd bod ar drugaredd y gwynt, a gorfod glanio yn rhywle dieithr. Yn ffodus doedd hi ddim yn chwythu'n gryf wrth iddyn nhw nesu at y ddaear.

"Ryden ni uwchben Tibet," sylwodd Andy ymhen ychydig. "Fe fydd gweddill y criw yn siŵr o wneud sbort am ein pennau yn gorfod glanio wyth deg o filltiroedd o Gokyo."

"Hidia befo am hynny. Edrych ar y mwg sy'n codi o simneiau'r tai acw islaw i ni. Mae'n mynd yn syth i fyny. Hwrê! Chawn ni ddim trafferth i lanio'n ysgafn a diogel ar y ddaear gan nad yw'r gwynt yn chwythu o gwbl ar hyn o bryd."

Roedd Eric Jones yn llygad ei le. Ar ôl dwy awr o falwnio, a'r holl drafferthion, dyma nhw'n ôl yn dawel ar y ddaear.

"Pam mae'r bobl acw'n cadw draw mor bell?' holodd Andy wrth ddringo o'r fasged.

"Hwyrach nad yden nhw erioed wedi gweld balŵn o'r blaen," atebodd Eric gan godi ei gamera i dynnu llun o'r bobl yn y pellter. "Ond fe ddôn nhw'n nes aton ni yn y munud, rwy'n siŵr. Ac mi rown ni anrhegion a bwyd iddyn nhw."

A chyn hir roedd pobl y pentre bach yn Tibet wedi ffurfio cylch mawr o gwmpas y ddau ddyn dieithr, ac yn barod iawn i'w helpu. Rhedodd un i chwilio am dryc i'w cludo nhw a'r balŵn a'r fasged i Nepal. Bu'n rhaid i Eric afael yn dynn yn y camera a'r ffilmiau wrth iddynt deithio yn y tryc ar hyd y ffyrdd anwastad am bum niwrnod. O'r diwedd roedden nhw'n ôl yn Gokyo lle'r oedd croeso mawr — a thipyn o dynnu coes hefyd — yn eu disgwyl.

"Na, wna i ddim hynna eto," chwarddodd Eric wrth i rywun ofyn iddo a hoffai fynd ar antur debyg rywdro yn y dyfodol. "Mae un waith yn ddigon, yn tydi, Andy?"

Cytunodd ei ffrind wrth ysgwyd llaw cyn i bawb fynd am yr awyrennau i'w cludo i Brydain. Edrychai pob un ymlaen at weld y ffilm o'r daith uwchben Everest ym 1991. Ond yr hyn roedd ar Eric ei eisiau'n fwy na dim oedd cael seibiant tawel yng nghwmni Anne a'i ddwy ferch fach yn Nhremadog.

"Diolch byth dy fod yn ôl yn saff," meddai ei wraig lawen wrtho wedi iddo gyrraedd adref. "Tyrd i gael bwyd a gorffwys."

Ond doedd fawr o lonydd i'w gael i Eric Jones ar ôl dychwelyd i Fwlch y Moch, gan mai'r peth cyntaf wnaeth Keira oedd rhuthro ato gan ofyn: "Wnewch chi chwythu fy malŵn coch i, Dad? Mae'n fach ac yn feddal am ei fod yn mynd i lawr o hyd ac o hyd."

"Pam ydych chi'n chwerthin?" holodd Rebecca ei thad. "Does neb yn gallu chwythu balŵn a chwerthin yr un pryd!"

"Am 'mod i'n cofio am falŵn arall oedd yn dipyn o niwsans am ei fod yn mynd i lawr ac i lawr o hyd," atebodd Eric gan wenu. "Ond mae'n amser gwely i chi'ch dwy rŵan. Rwy'n addo dweud hanes y balŵn arall wrthych chi fory."

Y Cwpwrdd Rhyfedd

"Mae'r bechgyn yn dal i gysgu'n dawel."

"Ydyn. Fe gawson nhw hwyl yn chwarae allan yn hwyr neithiwr gan ei bod mor braf."

Wrthi'n cael eu brecwast roedd John ac Elizabeth Evans cyn i John gychwyn am ei waith ym mhwll glo Pentre Fron yng Nghoed-poeth, ger Wrecsam.

"Fe ddof fi â dy ginio di draw i ben y pwll am hanner dydd, fel arfer," meddai Elizabeth.

"Ardderchog," atebodd John. "Gwell i mi fynd rŵan neu fe fydda i'n hwyr."

Canai'r gŵr yn hapus wrth gerdded i gyfeiriad y pwll glo. Edrychai ymlaen at gael chwarae gyda'i ddau hogyn bach ar ôl dod adre'r noson honno. Medi 27, yn y flwyddyn 1819 oedd hi, a doedd gan y glowyr ddim lampau diogelwch na lle i ymolchi na bwyta yn y pyllau glo yr adeg honno.

"Bydd yn ofalus hefo'r gaib yna," meddai'r glöwr hynaf wrth John ar ôl iddyn nhw fod yn tyllu'r talcen glo am ryw hanner awr.

"Pam? Mae'n rhaid i ni daro'n galed fel arfer er mwyn cael y glo yn rhydd."

"Rhaid. Ond mae'n bwysig i ni gofio bod yna hen bwll yn ein hymyl. Mae hwnnw wedi cau erbyn hyn, ac mae'n llawn dŵr. Os byddwn yn ceibio'n rhy galed, hwyrach y torrwn dwll trwy'r talcen glo, a bydd y dŵr yn llifo i mewn a'n boddi ni!"

Ond chwerthin wnaeth John Evans.

"Twt, peidiwch â chodi bwganod," atebodd. "Mae'n rhaid i mi weithio 'ngorau i gael glo o'r pwll neu fydd dim pres i'w gael i brynu bwyd a dillad i Elizabeth a'r bechgyn."

Roedd pedwar ar bymtheg o lowyr yn gweithio hefo'i gilydd yn y rhan honno o'r pwll y bore hwnnw. Doedd hi ddim yn hawdd iawn gweld gan mai canhwyllau oedd yn goleuo'r lle, ac wrth gwrs roedd y rhain yn beryglus pan oedd nwy yn yr aer gan y gallai ffrwydrad ddigwydd. Er hynny, siaradai'r dynion yn siriol â'i gilydd wrth chwysu yn eu cwman hefo caib a rhaw.

Ond am ddeg o'r gloch y bore, digwyddodd yr hyn yr oedd y glöwr hynaf wedi ei ofni.

"Dŵr!" gwaeddodd rhywun. "Mae dŵr yn rhuthro amdanon ni. Rhedwch am eich bywydau!"

Roedd pedwar o'r glowyr yn lwcus gan eu bod nhw'n tyllu ac yn rhawio ger gwaelod y siafft. Twll fel simdde fawr oedd hwn, yn arwain o'r pwll i'r awyr iach y tu allan. Dringodd y pedwar yr ysgol yn y siafft fel gwiwerod, gan redeg wedyn i ddweud wrth y rhai oedd yn gweithio ar ben y pwll glo beth oedd wedi digwydd.

"Mae'r dŵr yn rhuthro drwy bob man o dan y ddaear fel neidr anferth wedi mynd yn wallgo!" ebe un o'r pedwar.

"Edrychwch! Mae chwaneg wedi llwyddo i ffoi," meddai un arall.

Syllodd pawb ar ddeuddeg o lowyr eraill yn dringo allan trwy dwll arall yn y ddaear, fel cwningod yn dianc rhag rhyw elyn creulon.

"Mi ryden ni'n lwcus. Roedden ni'n gallu ffoi ar hyd twnnel arall pan glywson ni sŵn y dŵr. Roedd yn debyg i lew mewn poen, yn dod amdanon ni," meddai un o'r dwsin a oedd bron â cholli ei wynt wedi rhedeg a dringo.

"Mae'n amlwg fod tri glöwr ar goll," ebe Mr Burton, rheolwr y pwll.

Roedd o'n un caredig wrth ei weithwyr, ac yn gofalu amdanynt yn dda. Brysiodd yn ofidus o'r naill löwr i'r llall er mwyn cael gwybodaeth am y ddamwain.

"John Evans oedd yn gweithio agosaf at y fan lle torrodd y dŵr drwy'r talcen glo," meddai un o'r dynion yn dawel wrth ei feistr. "Mae'n siŵr o fod wedi boddi, mae gen i ofn."

"Ond mae'n rhaid i ni fynd i lawr y siafft i chwilio," ebe'r rheolwr.

Ar ôl iddo fo a rhai dynion dewr eraill gyrraedd gwaelod yr ysgol, fe welson nhw'r dŵr yn llenwi pob man yno o dan y ddaear. Roedd yn cyrraedd i ben to pob twll, ogof a thwnnel.

"Reit, i mewn â ni," ebe un o ffrindiau John Evans.

"Na, mae'n rhy beryglus. Does dim y gallwn ni ei wneud," meddai Mr Burton yn drist. "Bydd yn rhaid i ni aros nes i'r dŵr fynd lawr."

"Ond mi rydw i am fynd i weld os oes modd achub un o'r tri sydd ar goll," atebodd y llall, gan dynnu ei gôt a'i esgidiau trwm.

Wedi cymryd anadl ddofn, neidiodd i'r dŵr. Nofiodd yn weddol bell i chwilio, ond doedd dim golwg o neb. Roedd yn falch o gael dod yn ei ôl at waelod y siafft a llenwi ei ysgyfaint ag awyr iach. Tra oedd yn gwneud hyn, plymiodd glöwr arall i'r tonnau du, gan nofio i gyfeiriad gwahanol. Roedd yn anodd iddo yntau ddal ei wynt wrth ymladd yn erbyn y dŵr cry yn y pwll. Daliai'r lleill eu gwynt hefyd wrth ddisgwyl amdano'n ôl. Ond ni chafodd yntau unrhyw lwc, mwy na'r nofiwr cyntaf. Dringodd pawb yr ysgol yn ôl i ben y pwll yn ddigalon.

Erbyn hyn roedd yn hanner dydd. Daeth Elizabeth â chinio ei gŵr at geg y siafft fel yr addawsai. Edrychodd Mr Burton arni'n drist, yna rhoddodd ei fraich am ei hysgwydd a dweud wrthi'n dawel am y ddamwain. Bu bron iddi lewygu wedi cael y newydd drwg, a bu raid i ddau löwr ei helpu i gerdded adref.

"Peidiwch â thorri eich calon. Mi fydd lefel y dŵr yn gostwng cyn bo hir, ac mi chwiliwn eto," meddai un ohonyn nhw wrthi.

Ond ni ddigwyddodd hynny tan y seithfed diwrnod. Er i Mr Burton ac eraill fynd i waelod y siafft bob dydd am wythnos, doedd dim gobaith gwneud dim. Yna, ar ôl i'r dŵr ostwng, roedd yn haws mynd trwy'r pwll. Fe ddaethon nhw o hyd i gyrff dau, sef Edward Salisbury a John Taylor, yn weddol fuan. Ond er chwilio a chwilio, doedd dim golwg o gorff John Evans. Roedd ei ddau blentyn yn rhy ifanc i ddeall beth oedd wedi digwydd, ond roedd pawb arall yn brudd iawn y dyddiau hynny.

"Fe fydd yn rhaid i ni wneud arch yn barod i roi corff John druan ynddi pan ddown ni o hyd iddo," meddai rheolwr y pwll yn benisel. "Roedd o'n un o'r gweithwyr gorau oedd gen i. Fe wnawn ni'r plât haearn yn barod i'w roi ar gaead yr arch hefyd, gyda'r dyddiad ryden ni'n meddwl iddo foddi. A'i oed, wrth gwrs, sef chwech ar hugain."

Cytunodd pawb, er mor drist oedd y gorchwyl.

Ond roedd John Evans yn dal yn fyw! Pan ddigwyddodd y ddamwain, cafodd ei ysgubo i ffwrdd am ychydig gan y lli. Ond medrodd afael yn sydyn mewn darn o'r to. Cydiodd yn dynn, dynn, a'r tonnau oddi tano'n gwneud eu gorau i'w gael i ollwng ei afael. Roedd fel pry ar nenfwd. Ceisiodd gadw ei wyneb uwchben y bwystfil gwlyb a ruai islaw iddo. Cafodd drafferth mawr i anadlu, ond roedd yn benderfynol o fyw a dychwelyd at ei wraig a'i blant annwyl. Roedd yn amhosibl gweld dim gan fod pob cannwyll wedi diffodd ers meitin ac wedi cael eu llyncu gan y lli, er bod ganddo rai ym mhoced ei drowsus.

Doedd ganddo ddim teimlad yn ei fysedd erbyn hyn gan eu bod fel darnau o rew ar ôl bod yn y dŵr am gymaint o amser. Ond gwyddai John, os gollyngai ei afael, mai boddi fyddai ei hanes. Yna, wrth lwc, llwyddodd i symud un llaw. Teimlodd le gwag. Oedd, roedd yna dwll uwch ei ben yn rhywle. Pe gallai'i godi ei hun i'r fan honno, efallai y byddai gobaith iddo barhau'n fyw! Er mor anodd oedd gwneud, symudodd ei law arall hefyd. Gafaelodd yn sownd mewn darn o graig ac yna cododd ei hun uwch y dŵr. Gwasgodd ei hun i'r twll ar ôl dringo i silff fechan o graig.

Arhosodd yn llonydd i gael ei wynt ato. Erbyn hyn roedd ei lygaid wedi dechrau dod i arfer hefo'r tywyllwch. Gallai weld rhyw ychydig bach. Ond dau beth trist iawn y sylwodd arnyn nhw gyntaf — cafodd gipolwg ar Edward Salisbury a John Taylor yn cael eu cario gan y llifeiriant oddi tano. Ceisiodd wyro ymlaen i'w cipio o'r dŵr, ond roedd yn rhy hwyr. Cafodd ei ddau ffrind eu sgubo o'i olwg ymhell draw o dan y ddaear. A bu bron iddo yntau â llithro wrth ymdrechu mor galed i'w hachub.

Gwasgodd ei hun yn ôl yn dynnach i'r hollt yn y graig, fel cyw yn swatio yn y nyth. Roedd yn teimlo braidd yn wan a phenysgafn erbyn hyn, ac roedd hi'n anodd meddwl yn glir. Bu'n pendwmpian am ychydig, ac yna sylweddolodd bod yn rhaid iddo gael aer. Dyna'r peth pwysicaf. Gallai feddwl am ddŵr i'w yfed wedyn. Heb aer byddai'n llewygu ac yn disgyn o'r silff ddiogel, gan foddi yn y lli dychrynllyd. Sythodd ei fraich dde yn ofalus, yna'i symud yn ôl ac ymlaen ar hyd wyneb y graig uwch ei ben. Wedyn gwnaeth yr un peth â'i fraich chwith.

"Hwrê!" meddai wrtho'i hun. "Rwy'n gallu teimlo'r mymryn lleiaf o wynt yn taro yn erbyn fy mraich chwith."

Oedd, roedd ychydig o awyr iach yn dod trwy dwll cul. Cafodd tyllau felly eu torri trwy'r ddaear uwchben i lawr i lofa Pentre Fron, er mwyn i'r glowyr allu anadlu. Ond nid ar ei fraich roedd angen yr aer, ond ei drwyn, felly roedd yn rhaid i John symud er mwyn i'w wyneb fod yn union o dan y twll bychan. Dechreuodd symud yn ofalus i'r chwith ar wastad ei gefn. Er iddo daro'i ben yn giaidd yn erbyn darn o graig miniog wrth wneud, llwyddodd o'r diwedd i orwedd â'i ffroenau o dan y twll aer.

Teimlai'n sychedig erbyn hyn. Er bod digon o ddŵr yn rhuthro'n afon oddi tano, roedd hwnnw'n ddu fel cysgod ystlum. A phe byddai'r glöwr yn gwyro i geisio codi ychydig ohono ar gledr un llaw, hwyrach mai llithro a boddi a wnâi. Doedd ganddo fawr o le i symud ei gorff, ond ysgydwodd ei ben yn ôl ac ymlaen yn araf a gofalus.

"Go dda," meddai wrtho'i hun. "Dyma fi'n lwcus eto. Fe deimlais i ddiferyn o ddŵr yn disgyn ar fy nghlust dde."

Trodd ei ben, ac agor ei geg. O! mi roedd y dafnau o ddŵr glân yn fendigedig. Roedd y diferion glaw yma wedi suddo drwy'r ddaear yr holl ffordd o'r gwair a'r pridd uwchben nes cyrraedd y silff o graig lle'r oedd John Evans.

"Mae'r llifogydd yn siŵr o ostwng cyn bo hir," meddai'r glöwr ifanc wrtho'i hun. "Ac yna fe alla i ddianc o'r carchar ofnadwy yma. Mi rydw i'n lwcus bod aer a dŵr glân gen i i'm cadw'n fyw."

Aeth wythnos gyfan heibio, er na wyddai John faint o amser oedd wedi pasio. Roedd y dŵr hyll yn dal mor uchel

ag erioed. Gwaeddai'r gŵr ifanc trwy'r twll aer bob hyn a
hyn gan obeithio y byddai rhywun yn ei glywed a deall ei
fod yn fyw. Ond ni chlywai'r glöwr neb yn ei ateb — dim
ond sŵn yr afon fawr yn llifo odano o hyd ac o hyd. Yn
ystod yr wythnos roedd wedi bwyta ei ganhwyllau. Roedd
pob glöwr yr adeg honno'n gofalu bod digon o ganhwyllau
dros ben ganddo ym mhoced ei drowsus, a chan mai o
fraster anifeiliaid y gwnaed nhw, doedden nhw ddim yn
blasu cynddrwg â hynny.

Ond erbyn dechrau ei ail wythnos o dan y ddaear,
teimlai John yn ddigalon iawn. Gwyddai nad oedd ganddo
obaith dianc na chael ei achub heb i'r dŵr ddiflannu i
rywle, ac roedd bwrlwm gwyllt y tonnau wedi dechrau
mynd ar ei nerfau erbyn hyn. Gwasgai ei ddwylo ar ei
glustiau rhag clywed rhuthr y lli, ond ni allai foddi'r sŵn.
Roedd yn debyg i fwystfil yn bloeddio wrth ddisgwyl i'r
gŵr ifanc ddisgyn a syrthio i'w geg agored. Roedd y
mymryn olaf o'r gannwyll olaf wedi cael ei gnoi a'i lyncu
erbyn hyn, a theimlai John yn wan, yn unig ac yn oer. Gan
y byddai'n beryglus iddo symud, roedd ei gorff llonydd
yn boenau i gyd. Roedd bron â marw eisiau codi a rhedeg
o gwmpas er mwyn ystwytho, ond o leiaf roedd yr aer a'r
dŵr glaw yn parhau i ddod i mewn i'r ogof fechan yr oedd
wedi'i wthio'i hun iddi, fel cadach wedi ei wasgu i dwll.

Daliai i weiddi drwy'r twll aer, ond doedd ganddo fawr
o lais ar ôl erbyn hyn. Er hynny, roedd gwên ar ei wyneb
yn aml pan oedd yn cysgu. Y rheswm am hyn oedd ei fod
yn breuddwydio am Elizabeth a'r plant. Gwelai'r bwrdd
yn ei gartref yn llawn o fwyd blasus, ac yntau a'i deulu yn
mwynhau'r bara a'r cig, y ffrwythau a'r caws. Dro arall,
roedd yn helpu ei wraig i godi dŵr gloyw o'r ffynnon, gan
aros ar y ffordd adref i gael diod. Ac mor fendigedig o oer
a glân a phur oedd o! Mewn breuddwyd arall, roedd yn

mwynhau chwarae pêl gyda'i ddau hogyn bach yn yr ardd fechan y tu cefn i'r tŷ. Chwarddai'r plant o weld eu tad ar ei hyd ar lawr wedi methu â dal y bêl wrth iddyn nhw ei chicio'n galed heibio iddo!

Ond byddai'r wên yn diflannu o'i wyneb ar ôl iddo ddeffro. Ni welai ddim wedyn ond creigiau a cherrig a llwch. A doedd dim i'w glywed ond chwerthin creulon y dŵr wrth iddo barhau i lifo oddi tano. Ond ambell dro, pan oedd o bron â thorri ei galon a dechrau crio dros y lle, clywai sŵn gwahanol. Sŵn miwsig. Doedd ganddo ddim syniad o ble'r oedd yn dod, ond roedd wrth ei fodd yn gwrando ar ddynion a merched yn canu. Dro arall, deuai cerddoriaeth hyfryd o wahanol offerynnau. Nid oedd erioed wedi clywed peth mor swynol yn ei fywyd. Hoffai gau ei lygaid pan oedd yn dychmygu clywed y miwsig hwn.

Roedd newydd agor ei lygaid un diwrnod ar ôl gwrando ar gôr o leisiau ardderchog. Wedi i'r lleisiau dawelu, teimlai fod rhywbeth yn wahanol. Oedd, roedd sŵn y dŵr wedi newid. Nid sŵn yn codi ofn arno oedd o erbyn hyn. Trodd ei ben gan syllu'n gyffrous dros ymyl y silff o graig. Roedd y lli mawr wedi lleihau cryn dipyn.

"Go dda! Fe alla i ddianc o'r diwedd!" gwaeddodd dros y lle wrth symud yn boenus i lawr o'r lle y bu'n gorwedd am dri ar ddeg o ddyddiau.

Ond er bod y dŵr bron â diflannu'n gyfan gwbl, roedd cerrig mawr wedi cael eu cludo i'r twnnel gan y tonnau. Llanwai'r rhain bob man gan rwystro John rhag mynd i'r chwith na'r dde. Ceisiodd symud rhai o'r meini ond roedd yn rhy wan. Dringodd yn ôl i orwedd yn drist eto ar y silff o graig.

"Fe fydd dynion yn sicr o ddod i geisio fy achub rŵan," meddai'n obeithiol wrtho'i hun. "Ond mae cymaint o

135

lefydd iddyn nhw chwilio. Sut maen nhw'n mynd i ddod o hyd i mi? Mae'n rhaid i mi barhau i floeddio drwy'r twll aer!"

Roedd ar fin gwneud un ymdrech fawr eto i alw am gymorth pan glywodd sŵn gwahanol unwaith eto. Gallai ei glustiau, ar ôl bod dan y ddaear mor hir, glywed pob smic, a doedd dim sŵn dŵr mawr yn rhuthro i foddi pob sŵn arall rŵan chwaith.

"Drwy'r twll aer mae'n dod!" gwaeddodd yn gyffrous.

Rhoddodd un glust wrth yr hollt fechan yn y graig. Oedd, roedd lleisiau i'w clywed. Wedi rhoi ei wefusau wrth y twll, bloeddiodd yn uwch na'r un tro o'r blaen.

"Aros am funud, glywi di rywbeth?"

"Clywaf — mae John yn dal yn fyw!"

Evan Rogers a Thomas Jones, dau löwr, oedd yn siarad. Erbyn hyn roedd y rheolwr a rhai o'r glowyr wedi dechrau clirio'r cerrig mawr ar ôl i'r dŵr gilio, ac yn chwilio am gorff John Evans yn y lofa. Aeth dynion eraill i grwydro ar y tir uwchben y pwll yn y gobaith o ddod o hyd i unrhyw arwydd a fyddai'n dangos bod John yn fyw. Ac roedd dau o'r rhain wedi clywed y glöwr unig yn bloeddio!

Fuon nhw fawr o amser yn dod o hyd iddo wedyn, er yr holl waith clirio cerrig. Synnodd y glowyr bod John yn ddigon da, ar ôl bod yn gaeth am bron i bythefnos, i gerdded heb gymorth at waelod y siafft. Daeth meddyg i lawr yr ysgol i'w archwilio, ac yna cafodd ei godi ar stretsier hefo rhaffau i geg y siafft ac allan i'r awyr iach. Roedd pawb yno'n rhyfeddu ei fod yn ddigon cryf i allu cerdded at y gert a'r ceffyl oedd yn aros i'w gludo adref. Gwaeddodd ei ddau hogyn bach yn hapus dros y lle wrth i'w tad eu gwasgu nhw a'u mam yn ei freichiau.

"Rhaid i'ch tad gael llonydd. Mae o wedi blino,"

meddai Elizabeth wrth y plant a neidiai ar ei lin a rhoi eu breichiau am ei wddw.

"Na, gad lonydd iddyn nhw," atebodd John, gan ddweud yr hanes yn gyflym a thawel wrth ei wraig a chwarae gyda'r ddau hogyn bach yr un pryd.

Roedd yn hyfryd cael molchi wedyn mewn dŵr glân a chynnes. Brysiodd Elizabeth i wneud pryd o fwyd blasus i'w gŵr.

"Be aflwydd sydd yn y fan acw?" holodd y glöwr pan ddaeth i'r llofft ar ôl swper y noson honno.

Roedd yr arch yng nghornel yr ystafell. Dywedodd Elizabeth wrtho pam ei bod yno.

"Mi fydd yn ddefnyddiol iawn i ni yn y tŷ fel cwpwrdd!" gwenodd John cyn troi i gysgu yn y gwely esmwyth. "Ydw, mi rydw i am ei chadw hi."

Bu John Evans yn defnyddio'r arch am weddill ei oes — am bedwar deg saith o flynyddoedd — fel cwpwrdd hwylus i gadw dillad. Bob tro'r edrychai arni, cofiai pa mor lwcus y bu i ddod o'r pwll glo yn fyw.

Rocky

"Tybed a fuasai cael ci yn eich helpu yn eich gwaith fel plismon?"

"Rwy'n siŵr y buasai hynny'n syniad da. Gan ein bod ni'r plismyn mor brin, mae llawer o'r rhai sy'n torri'r gyfraith yn gallu ffoi cyn i ni eu dal. Mae cŵn wedi helpu i ddod â phobl ddrwg i lawer gorsaf heddlu arall yma yn Llundain."

"Mae gennych chi gi yn eich cartre, yn does Steven?"

"Oes, sarjant," atebodd yntau. "Mae'r plant wrth eu bodd hefo fo. Ac mae Pero'n gofalu am y tŷ pan fyddwn ni i ffwrdd am y diwrnod fel teulu."

"Fe drefna i eich bod yn cael mynd i ddewis ci ifanc da, ac wedyn fe gewch fynd ar gwrs eich dau," meddai'r sarjant. "Fe fyddwch chi'n dysgu sut i drin y ci, a bydd yntau'n cael ei ddysgu sut i'n helpu ni yn yr heddlu."

Brysiodd Steven adref ar ôl ei ddiwrnod gwaith i ddweud yr hanes wrth ei wraig a'i blant.

"Mi welais i gi yn helpu plismon ddydd Sadwrn," ebe un o'r bechgyn. "Pan aeth Yncl John â mi i weld y gêm bêl-droed, roedd cŵn yno rhag ofn i rai o'r cefnogwyr gwyllt ddechrau ymladd."

"Ac mi welais innau un ar y teledu yn helpu i achub hogan oedd bron â boddi," meddai ei chwaer fach.

"Gobeithio na fydd Pero ddim yn digio am fod Dad yn mynd i gael cwmpeini ci arall!"

"Na," gwenodd ei mam, "rwy'n siŵr y daw'r ddau'n ffrindiau mawr."

Ymhen diwrnod neu ddau aeth Steven i'r Battersea Dogs Home. Lle mawr yn Llundain ydi hwn, lle mae pobl garedig yn gofalu am gannoedd o gŵn digartref. Doedd y plismon ifanc erioed wedi gweld cymaint ohonyn nhw o bob lliw a llun hefo'i gilydd. Roedd rhai'n swnllyd iawn ac yn cyfarth arno wrth iddo fynd heibio iddynt. Swatiai rhai eraill mewn cornel gan edrych ar Steven yn ofnus trwy gil eu llygaid.

"Mae'n siŵr bod pobl wedi bod yn greulon wrth y rhain," meddai wrth un o'r merched a ofalai am y lle.

"Rydych yn iawn," atebodd hithau. "Mae'n anodd credu bod rhai pobl yn cam-drin eu hanifeiliaid anwes. Ond dowch draw i'r fan yma i weld y cŵn hyn."

Wedi i'r ferch ei arwain at hanner dwsin o gŵn ifainc cryf ac iach, gwelodd Steven un a hoffai yn fawr iawn.

"Ond ai dyma'r math gorau o gi i gael ei ddysgu i'n helpu ni fel plismyn?" holodd.

"Fel mae'n digwydd, dyma'r brîd sy'n cael ei ddewis gan y rhan fwyaf o blismyn," atebodd y ferch yn siriol. "Dowch yn nes ato i chi gael gwell golwg arno."

Llyfodd yr anifail bywiog law'r gŵr ifanc ac yna dechreuodd synhwyro gwaelod ei drowsus.

"Clywed arogl Pero, ein ci ni gartref, arna i y mae o, mae'n siŵr," chwarddodd Steven.

"Rwy'n sicr y byddwch yn siwtio eich gilydd," meddai'r ferch wedyn. "Rocky yw ei enw. Mi fydd arna i hiraeth amdano, ond yn falch iawn yr un pryd ei fod yn mynd i gael rhywun gofalus fel chi i ofalu amdano. Na, does dim angen pres. Fe fydd un yn llai yma i'w fwydo!

Ond cofiwch ddod yn ôl yma rywbryd eich dau i ddweud eich hanes wrtha i."

Er y buasai wrth ei fodd yn mynd â Rocky adre, gwyddai'r plismon y byddai'n rhaid i'r ci fynd i le arbennig i'w ddysgu. Roedd yn bwysig peidio â'i ddifetha, na dysgu castiau drwg iddo'n ifanc.

"Mae'n rhaid i'ch cŵn gynefino â phob math o sŵn," meddai'r inspector. "Ewch â nhw am dro drwy'r strydoedd lle mae'r traffig trymaf."

Roedd Steven wedi ymuno â chwrs gyda phlismyn eraill a'u cŵn o rannau eraill o Lundain. Gwrandawodd yn ofalus ar bob peth a ddywedodd yr inspector, ac yna treuliodd un prynhawn yn croesi'r strydoedd er mwyn i Rocky arfer â'r holl geir, faniau a lorïau a wibiai heibio. Neidiodd y ci yn sydyn pan glywodd sŵn brêc bws yn sgrechian yn ei ymyl. Ond rhoddodd ei feistr ei law ar ei gefn, ac ymlaen â'r ddau'n hapus.

Am wythnosau wedyn bu raid i Rocky arfer â phob math o sŵn — sŵn gynnau yn tanio yn ei ymyl, a thân gwyllt yn chwyrlïo o'i gwmpas. Fel rheol mae cŵn yn swatio'n ofnus ar Dachwedd y pumed, ond ar ôl dygymod â'r holl ffrwydro doedd Rocky'n malio dim. Câi ei ddysgu yn ogystal i beidio â rhedeg i ffwrdd pan oedd dynion ar y cwrs yn cymryd arnynt eu bod yn ymosod arno. Rhedent amdano a chodi ffyn uwch eu pennau fel pe bydden nhw am ei daro. Ymhen amser, daeth y ci i ddygymod hefo pethau fel hyn hefyd. Roedd Steven yn teimlo'n falch dros ben ohono. Bu'r ddau'n rhedeg hefo'i gilydd drwy dân a mwg hefyd, yn nofio afonydd dwfn, ac yn arfer hefo tyrfa, ac awyrennau'n hedfan yn isel drostyn nhw. Dro arall bu plismyn ar gefn ceffylau'n carlamu o gwmpas Steven a

Rocky i geisio codi ofn ar y ci. Ond ni symudodd Rocky o'i le o gwbl. Roedd fel craig.

"Rwyt ti wedi cael enw iawn, beth bynnag," ebe'i feistr wrth ei ganmol ar ddiwedd pnawn caled o ymarfer.

"Rydych chi a'r ci wedi dysgu'n ardderchog hefo'ch gilydd," meddai'r inspector a drefnai'r cwrs. "Mae Rocky wedi dod i gynefino hefo pobl a hefo gwahanol synau brawychus. Y cam nesaf fydd ei ddysgu o i godi ofn ar bobl ddrwg, a'u dal. Mae'n bwysig nad ydi'r ci ddim yn gwylltio gormod, neu bydd yn eu lladd. A dyden ni ddim eisiau i hynny ddigwydd."

Drannoeth edrychodd Rocky'n syn ar ryw ddyn rhyfedd yn rhedeg amdano'n ffyrnig. Roedd dillad trwchus amdano, a'i freichiau a'i goesau fel pedwar balŵn hir. Plismon ydoedd, ac edrychai'n debyg i'r dyn bach tew hwnnw a hysbysebai deiars car ar y teledu! Y syniad oedd bod Rocky i ymosod arno cyn iddo fo gymryd arno daro'r ci. Rhoddodd Steven orchymyn tawel ond pendant i'r anifail. Saethodd Rocky ymlaen fel awyren yn barod i godi o'r tir. Cyn i'r dyn wybod beth oedd yn digwydd, roedd y ci wedi gafael yn sownd yn ei fraich a'i dynnu i'r llawr. Cododd y plismon wedyn fel clown tew, a chanmol y ci am wneud mor wych.

Ar ôl rhai wythnosau o ymarfer fel hyn, roedd y ci a'i feistr caredig yn barod i ddychwelyd i'r orsaf heddlu lle y gweithiai Steven.

"Rydych yn edrych yn smart iawn eich dau," gwenodd y sarjant. "Fe fydd pobl Llundain yn teimlo'n fwy diogel o weld rhai fel chi yn cerdded y strydoedd. Mi ddowch yn ffrindiau â llawer ohonyn nhw, rwy'n siŵr. Gan mai mewn ceir y mae'r rhan fwyaf ohonon ni'r plismyn yn gorfod bod, bydd croeso mawr yn eich aros chi'ch dau wrth ichi gerdded o gwmpas y rhan hon o'r ddinas."

Roedd Steven wedi bod â'r ci yn ei gartref lawer tro erbyn hyn, a'r teulu i gyd — a Pero yn eu plith — wedi dod yn gyfeillgar tu hwnt hefo fo. Arhosai pobl a oedd allan yn siopa i gael sgwrs hefo'r pâr hefyd. Ac roedd Rocky ar ben ei ddigon yn cynorthwyo hen wŷr a gwragedd i groesi'r strydoedd prysur.

Crwydrai'r ci a'r plismon o gwmpas y siopau a'r ffatrïoedd yn y nos hefyd, yn gofalu bod pob man wedi ei gloi. Ac yn ystod ei flwyddyn gyntaf fel ci'r heddlu bu llawer o sôn am y ddau ddewr hyn yn helpu i gadw trefn ym mhrifddinas Lloegr. Roedd Rocky'n boblogaidd hefo'r plismyn a weithiai hefo Steven yng ngorsaf yr heddlu hefyd, ac roedden nhw wrth eu bodd pan rwystrodd y ci griw o lanciau hurt a geisiai werthu cyffuriau. Roedd gan un o'r bechgyn brwnt hyn wn, ac anelodd hwnnw at ben Rocky. Ond cyn i'r dihiryn gael cyfle i wasgu'r triger, roedd yr anifail chwim wedi neidio amdano a brathu ei fraich dde. Gwasgodd ei ddannedd yn filain i gnawd y cnaf ac ni ollyngodd ei afael nes i Steven roi gorchymyn iddo wneud hynny.

Ond ym mis Medi 1988 y digwyddodd y peth mwyaf cyffrous yn hanes Rocky a Steven. Cerddai'r ddau'n hamddenol ar bafin un o'r strydoedd mewn rhan o Lundain o'r enw Brixton. Ond er mor araf deg roedden nhw'n crwydro, cadwai'r ddau eu llygaid yn agored gan fod helynt wedi bod lawer tro'n ddiweddar yn y rhan hon o'r ddinas. Cafodd llawer o'r siopau eu llosgi a phlismyn eu brifo gan rai ifanc gwyllt a difeddwl. Roedd wedi dechrau nosi. Siaradodd y plismon ar ei ffôn symudol i ddweud wrth ei gydweithwyr yng ngorsaf yr heddlu lle'r oedd ar y pryd.

"Fe awn ni am dro ar hyd y stryd dawel yma, o sŵn y traffig am funud," ebe Steven wrth ei ffrind. "Yna fe awn yn ôl gan fod ein diwrnod gwaith ni'n dau yn dod i ben ymhen hanner awr."

Edrychodd y ci i wyneb ei feistr. Roedd ei draed yntau'n brifo erbyn hyn ar ôl bod yn cerdded ar y palmant caled drwy'r dydd! Ysgydwodd ei gynffon yn llawen. Ond yr eiliad nesaf fe stopiodd yn stond. Gwyddai Steven fod rhywbeth o'i le. Trodd i edrych drwy'r gwrych i'r dde iddo. Gwelodd ddyn yn sefyll wrth ddrws car. Roedd hwnnw y tu allan i garej, gerllaw rhyw dŷ.

"Does dim o'i le," meddai Steven wrtho'i hun gan fethu â deall beth oedd yn poeni'r hen gi. "Dim ond perchennog y tŷ sydd yna'n mynd i gadw ei fodur."

Ond rywsut fe wyddai Rocky yn wahanol. Gwrthododd symud o'i le. Craffodd Steven yn fwy gofalus drwy'r gwrych o flaen y tŷ. Gwelodd y dyn yn mynd o un drws i'r car i'r llall gan geisio eu hagor. Lleidr! Doedd dim golwg o'r perchennog yn unman. Roedd Steven wedi dal ugeiniau o ladron fel hyn hefo Rocky o'r blaen, felly ni chyffrôdd — dim ond sibrwd wrth ei gi. Gwibiodd hwnnw dros y gwrych gan frasgamu i gyfeiriad y modur.

Fe fydd y cyfan drosodd mewn eiliad, meddyliodd Steven, gan lithro'n dawel drwy'r adwy yn y gwrych ar ôl y ci.

Fel arfer, roedd gweld ci mawr ffyrnig fel Rocky yn neidio amdano yn ddigon i ddychryn lleidr. Ond nid felly'r oedd hi y tro hwn. Yr un eiliad ag y gafaelodd Rocky ym mraich y dyn, cododd hwnnw ei gyllell a'i tharo yn ochr y ci.

"Aros di, y cnaf, fe gei di dalu am hyn!" gwaeddodd Steven gan geisio gafael yn ysgwydd y lleidr.

Cafodd Rocky gyfle i blannu ei ddannedd yng nghoes y dihiryn, ond pan gwympodd y ddau i'r llawr, fe drawodd y dyn ben y ci gyda llafn hir ei gyllell. Er hynny, ni ollyngodd Rocky ei afael. Llifai'r gwaed o'i ben a'i ochr, ond daliodd i wasgu ei ddannedd i goes y lleidr. Rhuthrodd Steven ymlaen i geisio gafael yng ngarddwrn dde hwnnw a chipio'r gyllell o'i law, ond cododd y dyn yn sydyn. Bwriodd lafn ei gyllell finiog am y trydydd tro i gorff Rocky. Rhoddodd gic ffiaidd iddo'r un pryd. Syrthiodd y creadur diniwed ar y concrid fel corff marw. Trodd y lleidr i wynebu Steven. Roedd gwên greulon ar ei wefusau. Gwyddai nad oedd gan y llall arf i'w amddiffyn. Chwifiodd flaen main y gyllell yn ôl ac ymlaen o dan drwyn y plismon unig.

Edrychodd y plismon i fyw llygad yr adyn o'i flaen. Clywodd ei gyfaill yn griddfan mewn poen dychrynllyd ar y llawr wrth ei ymyl. O leiaf roedd yn fyw! Fflachiodd llygaid y cnaf yn wyllt wallgo. Fflachiodd llafn y gyllell unwaith eto hefyd wrth iddo'i hyrddio'i hun yn erbyn ei elyn gan geisio ei drywanu yn ei galon. Trodd Steven yn sydyn i osgoi'r gyllell. Gwasgodd ei fysedd am wddw'r lleidr lloerig. Gwelodd lafn llyfn y gyllell yn dod amdano unwaith yn rhagor. Ond, yr un foment, fe gododd Rocky. Er bod y gwaed yn pistyllio o'i ben a'i ochr, a'i goesau'n crynu, roedd yn benderfynol o amddiffyn ei feistr! Bu bron iddo fethu â neidio am y lleidr y tro hwn. Ond fe lwyddodd, gan ei fwrw i'r llawr.

Oherwydd hyn, llwyddodd Steven yntau i gicio'r gyllell o law'r dyn brwnt. Gafaelodd wedyn yn ei arddyrnau a rhoi gefynnau arnyn nhw.

"Dyna ni wedi cael y gorau arnat ti, beth bynnag," meddai'r plismon gan droi i gael golwg ar ei gi. "Paid â phoeni, Rocky, mi ofala i y cei di driniaeth yn fuan."

Siaradodd yn frysiog ar y ffôn. Ond nid oedd gwaith Rocky ar ben eto. Tra bu'r tri'n ymladd, daeth tyrfa o fechgyn hurt o rywle gan weiddi a chael sbort wrth weld y brwydro. Roedden nhw'n chwerthin wrth weld Rocky druan yn waed i gyd, ac yn gobeithio mai'r lleidr fyddai'n ennill. Pan welson nhw hwnnw wedi ei ddal, dyma nhw'n cerdded yn nes ac yn nes, yn un llinell, at y plismon a'i gi. Cododd ambell un gyllell neu bastwn neu gadwyn haearn, gan fygwth y ddau.

Sibrydodd Steven yng nghlust Rocky. Dechreuodd yntau chwyrnu yn ei wddw gan sefyll yn gadarn rhwng ei feistr a'r criw o lanciau oedd wedi meddwi. Roedd hynny'n ddigon. Stopiodd y rhes â cherdded. A phan ddangosodd Rocky ei ddannedd iddyn nhw a chychwyn tuag atyn nhw'n diferu gwaed ym mhob man, dyma'r hogiau llwfr yn diflannu. Y funud honno cyrhaeddodd plismyn eraill mewn ceir a fan i helpu Steven a Rocky.

"Ewch â'r ci yn y fan at y milfeddyg yn syth," meddai Steven. "Mae o wedi cael ei anafu'n ddifrifol. Faswn i ddim yn synnu pe byddai'n marw wedi iddo gael ei drywanu mor giaidd gan y dihiryn acw. Ond rhaid gobeithio'r gorau."

Cytunodd y plismyn eraill. Gofalu am Rocky oedd y peth pwysicaf.

"Beth am i ni fynd â thithau i'r ysbyty?" holodd un plismon.

"Pe na byddai Rocky gen i, dyna fuasech chi'n ei wneud," atebodd Steven. "Ond mi rydw i'n iawn, diolch iddo fo. Mi a' i yn y fan hefo'r hen gyfaill ffyddlon."

Ac i ffwrdd â nhw — y lleidr yn cael ei gludo i orsaf yr heddlu, a'r ci dewr a'i feistr at y milfeddyg.

"Ydi, mae o wedi'i glwyfo'n ddrwg," meddai'r milfeddyg. "Ond diolch eich bod wedi dod â fo yma mewn pryd. Rydw i'n siŵr y galla i achub ei fywyd."

"Gobeithio'n wir," atebodd Steven. "Mae o wedi arbed fy mywyd i, beth bynnag."

"Pam na fuasech chi'n cario gwn? Yn enwedig yn erbyn lladron peryglus yn cario cyllyll?"

"Ryden ni'n gobeithio na fydd raid i hynny ddigwydd, dim ond ar adegau prin," atebodd Steven. "Neu fe fydd yr heddlu'r un fath â byddin wedyn."

Nid oedd y milfeddyg yn siŵr a oedd yn cytuno ai peidio, yn enwedig wrth wyro i drin y rhwygo a'r torri fu ar gorff Rocky druan. Ond yn ffodus, fe wellodd y ci cryf yn fuan, ac roedd ei feistr wrth ei fodd yn mynd â fo adre ymhen ychydig wythnosau i'w ddangos i'w deulu.

"Peidiwch â'i wasgu'n rhy dynn," meddai Steven wrth y plant. "Tydi'r briwiau ddim wedi gwella'n iawn eto."

Ond roedd y plant yn mynnu rhoi mwythau iddo a dweud mor ddewr y bu wrth amddiffyn eu tad rhag y lleidr milain a'r criw o fechgyn dwl. A daeth Pero at Rocky i lyfu ei glustiau i ddangos ei fod yntau'n falch ohono!

Drannoeth aeth Steven am dro i Battersea hefo'i gi heddlu. Synnodd y ferch a roddodd Rocky iddo fisoedd lawer ynghynt wrth wrando ar y plismon yn dweud yr holl hanes wrthi.

"Ryden ni'n falch bob amser o glywed bod cŵn o'r lle yma yn cael gofal da. Ond chlywais i erioed am un wedi cael y fath antur â Rocky," atebodd hithau. "Mae'n haeddu medal."

Ac fe gafodd un. Ymhen rhai wythnosau wedyn, roedd cyfarfod pwysig yn Llundain i ddewis pa blismon a'i gi fyddai'n ennill y *Police Dog Action of the Year Award*. Daeth tri deg naw o blismyn a'u cŵn i'r gystadleuaeth hon, gyda Steven a Rocky yn eu plith.

"Yn tydi Dad a Rocky'n edrych yn smart?" gwaeddodd un o blant y plismon. "Gobeithio y byddan nhw'n ennill."

"Mae'n rhaid i ti gofio bod pob un o'r cŵn a'r plismyn eraill wedi gwneud rhywbeth dewr a pheryglus hefyd," atebodd ei fam.

Ond Steven gafodd y cwpan hardd. Ac am wddw Rocky y rhoddwyd y fedal bwysig, a honno'n sgleinio wrth hongian o'i goler, mor brydferth â'r cwpan mawr arian yn llaw y plismon balch. Curai pawb eu dwylo i ddangos eu bod yn cytuno â'r beirniaid, a doedd yr un dyn yn y wlad â mwy o feddwl o'i gi na Steven. Methai Rocky ddeall, er hynny, i beth roedd eisiau'r holl ffws. Y swper a gafodd ar ddiwedd y diwrnod hwnnw oedd y peth pwysicaf iddo fo, sef llond dysgl o'r bwyd a hoffai orau — cig oen!